Warum denn in die Ferne schweifen ...
Baden-Württemberg liegt nah

Anni Willmann

Warum denn in die Ferne schweifen ...
Baden-Württemberg liegt nah

Aus meiner Reisechronik

DRW-Verlag

ISBN 3-87181-408-3

© 1999 by DRW-Verlag Weinbrenner GmbH & Co.,
Leinfelden-Echterdingen

Abbildung auf dem Umschlag vorne: Magerkingen auf der Schwäbischen Alb; Foto: Rainer
Fieselmann, Eningen
Frontispiz: Blick auf das Neue Schloß in Stuttgart, im Vordergrund die Jubiläumssäule; Foto:
RODRUN/Knöll, Altenriet
Umschlag: Hans-Jürgen Trinkner, Stuttgart
Produktion: Cornelia Fritsch & Birgit Fiebiger GbR, Filderstadt
Gesamtherstellung: Karl Weinbrenner & Söhne GmbH & Co., Leinfelden-Echterdingen

Bestellnummer: 408

Inhalt

Über 30 Jahre lang hat Anni Willmann die allseits beliebte Kolumne „Stuttgarter Reisechronik" im Stuttgarter Wochenblatt geschrieben. Da kann man sich die Fülle der Reiseschilderungen gut vorstellen: mehrere Bände wären notwendig, um sie alle zu erfassen. Auch hat die Zeit manche Landschaften und Städte im Laufe der Jahre und Jahrzehnte wesentlich verändert, so daß umfangreiche Recherchen notwendig waren.

In Unterhaltungen über das Manuskript war uns beiden bewußt, daß zu viel „Schönes nahe liegt", als daß man auch nur einen Bruchteil davon aufzählen könnte. Die vorliegenden Reisefeuilletons einiger Glanzpunkte des Urlaubslandes Baden-Württemberg können also nur eine Auswahl sein, denn mindestens doppelt so viele Ferienziele hätten es verdient, erwähnt zu werden. Die Autorin ist über dem Manuskript gestorben. Mit letzter Kraft und unter Schmerzen hatte sie versucht, das Werk zu vollenden, Ordnung in den Lauf der Erzählungen zu bringen, Lücken auszufüllen.

Deshalb bitte ich den geneigten Leser um wohlwollendes Verständnis. Das Buch ist ein journalistisches Vermächtnis von Anni Willmann, ein unvollendetes gewiß. Doch wenn der Herrgott einem Autor die Feder aus der Hand nimmt, muß man das in Demut hinnehmen.

Vielleicht ist gerade deshalb der Wert des vorliegenden Buches besonders gegeben.

Hans-Frieder Willmann

Freizügig in alle Welt reisen zu können, gehört zu den schönsten Errungenschaften unseres technischen Fortschritts. Ziele, die man früher kaum in Wachträumen anzusteuern wagte, sind heute in kürzerer Zeit zu erreichen, als

Vorwort

Goethe vor 200 Jahren auf seiner Italienreise von Karlsbad zum Brenner benötigte. Wir fliegen in etwa neun Stunden nach Kanada, Goethe brauchte mit der Postkutsche bis zum Brenner sieben Tage. Aber vielleicht war der Umstand, daß weite Reisen keine solche Selbstverständlichkeit wie in unseren Tagen waren, der Grund für die größere Erlebnisfähigkeit. Und sicher war er auch ein Grund dafür, daß man früher mehr von der Schönheit der eigenen Heimat wußte. Selbst die Reise zu Nahzielen war langwierig und oft auch beschwerlich, wenn man bedenkt, daß in Württemberg das Eisenbahnzeitalter erst 1845 begann, als ein Zug von Cannstatt nach Untertürkheim fuhr.

Dieses Buch ist kein Reiseführer im üblichen Sinn. Es soll vielmehr die Augen öffnen für die vielgestaltige Schönheit der Natur und die landschaftlichen Besonderheiten der einzelnen Regionen Baden-Württembergs, für die überwältigende Zahl großartiger Kirchen, Klöster und Schlösser aus allen Stilepochen, von der Romanik über die Gotik und Renaissance bis zum Barock. Häufig stand ich an der Schwäbischen Barockstraße in sonnendurchfluteten Klosterkirchen und prächtigen Bibliothekssälen und dachte angesichts der munter zur Ehre Gottes musizierenden Engelchen und farbenprächtigen Fresken des Himmelsgewölbes: Was gäbe man anderwärts dafür, wenn man nur einen Teil dieser Kostbarkeiten besäße! Oft konnten an diesen monumentalen Werken Baumeister, Maler und Stukkateure erstmals ihr Können beweisen, und die Begeisterung für ihre Arbeit spiegelt sich wider in der genialen Vollkommenheit ihrer Werke.

Hierzulande wird das Licht gern unter den Scheffel gestellt. Aus purer Bescheidenheit? Oder ist es für die Schwaben eine Selbstverständlichkeit, daß ihr Land so reich mit Kunstschätzen und anderen Vorzügen ausgestattet ist? „Der Schiller und der Hegel, der Schelling und der Hauff, das ist bei uns die Regel, das fällt uns gar nicht auf." Man ist also „hälinge", insgeheim stolz „auf sei Sach" und auf die Genies von gestern und heute.

Außerordentlich interessant ist die Geschichte des Landes, die in weiten Teilen fast 300 Jahre lang von der Hochkultur des Römischen Reiches geprägt wurde, dessen Grenze hier verlief. Immer wieder gibt der Boden bei archäologischen Grabungen Funde frei, die neue Erkenntnisse über das Militär- und Zivilwesen ermöglichen. Nicht minder interessant sind die Seiten, die von den Kelten und Alamannen im Buch der Landesgeschichte beschrieben wurden. Eine Weltsensation war, zum Beispiel, die Entdeckung der Grabbeigaben für einen Keltenfürsten bei Hochdorf. Welcher Prunk, welcher Luxus, welche handwerkliche Kunstfertigkeit und welch weitreichende Handelsbeziehungen schon in jenen Jahrtausenden! Erstrangige Museen bauen Brücken in die Vergangenheit und zeigen die Wurzeln der Gegenwart auf. Selbst die früheste Siedlungsgeschichte sowie die Flora und Fauna vor Jahrtausenden und Jahrmillionen können anhand von Funden erfaßbar gemacht werden.

Und allenthalben erzählen steinerne Monumente, Städte und Burgen vom legendären Geschlecht der Staufer, das im Mittelalter von diesem Land aus kometenhaft aufstieg und seinen Glanz weit über Europa hinaus erstrahlen ließ. Keinem anderen Kaisergeschlecht nach ihm wurde so viel Ruhm und Bewunderung der Nachwelt zuteil wie den Staufern.

Die Vielfalt in der Einheit macht den Reiz Baden-Württembergs aus. Durch den Zusammenschluß der Länder Baden und Württemberg wurde diese Vielfalt noch vermehrt. Zu meinem großen Bedauern ist es unmöglich, auch nur annähernd auf alle Sehenswürdigkeiten einzugehen. Aus Platzgründen mußte manches Glanzlicht unbeleuchtet bleiben. Ich bitte um Nachsicht und Verständnis. Es ging mir darum, Anregungen zu geben, besonders auch bei jungen Menschen das Wissen über das eigene Land zu erweitern. Denn Heimatkunde wird ja heutzutage in den Schulen kaum noch gelehrt. Man beraubt dadurch die Jugend ihrer Verwurzelung und ihres natürlichen Haltes.

So wünsche ich mir, Leser jeden Alters mögen sich die folgenden Worte Goethes zu Herzen nehmen und auf Entdeckungsreise in Baden-Württemberg gehen. Goethes Aufforderung lautet:

Willst du immer weiter schweifen,
Sieh, das Gute liegt so nah.
Lerne nur das Glück begreifen,
Denn das Glück ist immer da.

Anni Willmann
Im Juli 1998

Eines der schönsten und stimmungsvollsten Gedichte, die wir in der Schule gelesen (und gern auswendig gelernt haben), ist das Lied „Die Kapelle" von Ludwig Uhland. Kennen Sie es noch?

Droben stehet die Kapelle

Droben stehet die Kapelle,
Schauet still ins Tal hinab,
Drunten singt bei Wies und Quelle,
Froh und hell der Hirtenknab.

Traurig tönt das Glöcklein nieder,
Schauerlich der Leichenchor.
Stille sind die frohen Lieder
Und der Knabe lauscht empor.

Droben bringt man sie zu Grabe,
Die sich freuten in dem Tal.
Hirtenknabe, Hirtenknabe,
Dir auch singt man dort einmal.

Als Schwabe weiß man natürlich, daß Ludwig Uhland in diesem Gedicht die Wurmlinger Kapelle besungen hat, ein kleines Bergkirchlein, das auch die Dichter Nikolaus Lenau, Gustav Schwab, Justinus Kerner und in unserer Zeit der Rottenburger Ehrenbürger Josef Eberle alias Sebastian Blau (alias „Der alte Wang") verherrlicht haben.

Das Dorf Wurmlingen – im Landkreis Tübingen zwischen dem Neckar- und dem Ammertal gelegen – gehört seit 1971 zu der schönen alten Bischofsstadt Rottenburg am Neckar. Der Überlieferung nach hat ein Graf Anselm von Calw im Jahre 1050 auf dem Spitzberg hoch über Wurmlingen das erste Kirchlein als seine Grabkapelle bauen lassen. Sie war dem Heiligen Remigius, Erzbischof von Reims in Frankreich, geweiht. Als im Jahre 1049 in Reims das Grab des Heiligen Remigius geöffnet wurde, nahm auch der damalige Papst Leo IX. an den Feierlichkeiten teil, und er besuchte auf dem Rückweg nach Rom seinen Schwager Graf Anselm von Calw, in dem er ebenfalls die Verehrung für den Reimser Schutzpatron weckte. So ließ der Graf zu Ehren des Heiligen Remigius die Wurmlinger Kapelle als Grabkapelle bauen. Die Calwer Grafen waren im Mittelalter in Wurmlingen begütert. Anselm von Calw stiftete auch einen „Calwer Jahrtag", zu dem im Mittelalter die Geistlichkeit der Umgebung auf den Berg kam, um dort eine Seelenmesse zu feiern und anschließend einen Festschmaus zu halten. Zeitweise unterstand die Wurmlinger Kapelle dem Abt des Augustiner-Chorherrenstiftes von Kreuzlingen am Bodensee.

Im Dreißigjährigen Krieg brannte sie völlig ab, erhalten blieb zum Glück die schlichte romanische Krypta aus dem 12. Jahrhundert. Erst 1683 wurde mit dem Wiederaufbau begonnen, und im Jahre 1685 ist die neue Kapelle geweiht worden.

Seit dieser Zeit wurde die Kirche mehr und mehr zu einem Wallfahrtsort für gläubige Christen. Sie wurde aber auch wegen ihrer wunderschönen Lage in der lieblichen Landschaft nahe Tübingen zu einem beliebten Ausflugsziel naturverbundener Wanderer. Ludwig Uhland kam oft nach Wurmlingen, so auch am 21. September 1805. Auf dem Weg zum Bergkirchlein begegnete er meist Hirtenknaben und lauschte ihren einfachen und innigen Liedern. Dies alles und die schlichte Kirche berührten ihn jedesmal tief, und in einer solchen Stimmung floß ihm das gemütvolle Gedicht aus der Feder.

Über 300 Jahre Wallfahrtskirche Die Kirche wäre wohl längst verfallen, wenn sie den Bürgern nicht so ans Herz gewachsen wäre, daß viele auch empfindliche finanzielle Opfer für ihren Erhalt nicht scheuen. So hatten, zum Beispiel, örtliche Vereine, Gruppen und Firmen für einzelne Stationen des Kreuzweges, dessen Geschichte bis 1687 zurückreicht, die Restaurierungskosten übernommen. Am 15. April 1984 konnte die Gemeinde den Weg wieder betend begehen.

Die künstlerisch wertvollen Figuren des Ölbergs in der Krypta fielen den Bomben auf Stuttgart zum Opfer, wohin sie zur Restaurierung gebracht worden waren. Besonders schmerzlich ist, daß 1977 bei einem Einbruch die schönsten Figuren, die die Wände schmückten, gestohlen worden sind. Deshalb kann die Kapelle jetzt auch nicht mehr ständig offengehalten werden. Man kann aber im Pfarrhaus in Wurmlingen den Schlüssel zur Besichtigung der Kapelle und der Krypta holen.

Vom Kapellenberg aus genießt man überdies einen herrlichen Blick ins Neckar- und Ammertal, hinüber zur Schwäbischen Alb, zur Zollern- und Weilerburg, in den Schwarzwald und zu den Stauferbergen bei Schwäbisch Gmünd. Obwohl sich immer zahlreiche Wanderer einfinden, ist die Wurmlinger Kapelle ein Ort der Stille und Besinnlichkeit geblieben, und man kann leicht die Gemütsverfassung nachempfinden, in der Ludwig Uhland vor über 190 Jahren jenes Gedicht geschrieben hat.

Kunsthistorisch Interessierten sei noch empfohlen, einen kleinen Abstecher von Wurmlingen aus in das sechs Kilometer entfernte Oberndorf zu machen; dort befindet sich in der Pfarrkirche ein sehenswerter Altar aus dem 15. Jahrhundert.

Gewiß ist es schön, Länder des ewigen Frühlings zu bereisen, aber wer wollte leugnen, daß der Wechsel der Jahreszeiten in unserer Heimat seine ganz besonderen Reize hat? Wie herrlich ist es, wenn im Herbst die Natur ihre Farben

Wandern in fürstlichen Stammlanden

mischt, um in Wald und Flur zu zeigen, daß es ihr kein Maler unter den Menschenkindern gleichtun kann, solange die Welt besteht: der Farbenrausch der Laubbäume, die milden Strahlen der Sonne und die klare Luft, die die weitesten Horizonte öffnet und den Stimmen und Geräuschen einen sanfteren Klang verleiht. Diese ganz eigenartige, von ein wenig morbider Sehnsucht überhauchte Stimmung hat Eduard Mörike besonders treffend in seinem Gedicht „Septembermorgen" in Verse gekleidet:

Im Nebel ruhet noch die Welt
Noch träumen Wald und Wiesen,
Bald siehst du, wenn der Schleier fällt,
Den blauen Himmel unverstellt,
Herbstkräftig die gedämpfte Welt
In warmem Golde fließen.

Vielleicht hat Eduard Mörike bei diesem Gedicht an die Schwäbische Alb gedacht; sie war ihm ja seit seiner Schulzeit in Urach vertraut. Dieses Mittelgebirge mit den wunderschönen Mischwäldern und Wacholderheiden und den geheimnisvollen Urzeithöhlen, das sich 220 Kilometer weit vom Ries an der nordöstlichen Landesgrenze von Baden-Württemberg im großen Bogen bis hinunter zum Hochrhein nahe Schaffhausen an der Schweizer Grenze erstreckt, ist jedoch zu jeder Jahreszeit ein Ziel, das einen besonderen Zauber verströmt: Im Frühling, wenn die ersten zartgrünen Blätterknospen an den Buchen erscheinen und mit dem weißen Teppich der Buschwindröschen die heitere Symphonie des Lenzes anstimmen; im Sommer, wenn die gleißende Sonne ins dunkle Grün der buckligen Wacholderbüsche goldene Sternchen setzt und Hirten mit ihren Schafherden gemächlich über die Weiden ziehen. Sind dann die letzten bunten Herbstblätter von den Bäumen gefallen und der Winter führt das Regiment, ahnt man etwas von der Einsamkeit, in der die Bewohner der Alb einst monatelang lebten und ihr karges Brot verdienten, bevor die modernen Webstühle Einzug hielten – von denen in unseren Tagen nun wieder so viele stillstehen – stillstehen wie die Skilifte in schneearmen Wintern. Doch diese Jahreszeit bringt gerade übersättigten, streßgeplagten Städtern echte Erholung und Entspannung in der Natur und in den gemütlichen Gasthäusern. Sie regt an zur Besinnung auf bleibende Werte und zur Selbstbesinnung.

Auf den Spuren der Silberdistel Wer recht in Freuden wandern will, tut es besonders gern in diesem noch nicht total verbauten Mittelgebirge. Mit Höhen bis zu über tausend Metern, schroffen

Felsen, geheimnisvollen Höhlen, Klöstern mit herrlichen Kunstschätzen, mit den Kaiserbergen Hohenstaufen und Hohenzollern offenbart sich das Mosaik eines Wanderlandes, wie es eindrucksvoller nicht sein könnte. Seine typische Pflanze ist die Silberdistel, in deren herber, unaufdringlicher Schönheit sich das Erscheinungsbild der Alb widerspiegelt. Zur Erschließung als ideales Wanderland hat besonders viel der Schwäbische Albverein beigetragen.

Denkt man an diese Landschaft, kommt es einem immer sehr bemerkenswert vor, daß sie die Heimat zweier berühmter Fürstengeschlechter ist: der Staufer, deren Glanz einst über ganz Europa und darüber hinaus erstrahlte und bis heute nachwirkt, und der Hohenzollern. Oft erregt es Erstaunen, daß auf der Hohenzollernburg bei Hechingen jahrelang der Sarkophag Friedrichs des Großen stand, bevor er, wie es der Preußenkönig einst gewünscht hatte, nach Sanssouci überführt wurde. Denn: „Wie kamen die Zollern nach Preußen?" fragt sich mancher. Davon wird später in diesem Buch die Rede sein.

Wegbereiter Schwäbischer Albverein Mit 117 000 Mitgliedern ist der Schwäbische Albverein, der 1988 sein 100 jähriges Bestehen feierte, der größte deutsche Wanderverein. Die Menschen, die sich in ihm zusammengeschlossen haben, verbinden zumeist zwei Neigungen: die Liebe zur Natur und die Liebe zum Wandern. Mit einem Wegenetz von 14 000 Kilometern, mit Wanderheimen, Schutzhütten und Aussichtstürmen, aber auch mit einem reichhaltigen Veranstaltungsprogramm in 577 Ortsgruppen bietet er viele Möglichkeiten zur Erholung, Entspannung und Geselligkeit. Auch wenn man nicht – oder noch nicht – Mitglied ist, kann man bei der Hauptgeschäftsstelle in Stuttgart ein Verzeichnis aller Wanderheime mit und ohne Übernachtungsmöglichkeiten erhalten. Das Wanderwegenetz des Albvereins umfaßt keineswegs nur die Schwäbische Alb, wie vielleicht mancher meinen mag, sondern mehrere, sehr verschiedene Landschaften unserer Heimat, die man mit Hilfe dieser Wanderwege zu Fuß besser kennenlernen kann als auf jede andere Weise.

Der Charakter der einzelnen Landschaften wird durch ihren unterschiedlichen geologischen Aufbau bestimmt. Die Gäulandschaften – auf Muschelkalk und Lößschichten – reichen von der Hohenloher Ebene und dem Taubergrund bis zum Kraichgau und Neckarbecken und als schmaler Streifen bis zum Hochrhein. Daran schließen sich die Waldlandschaften des Keupers an mit dem Schwäbischen Wald, dem Schönbuch, Rammert und Stromberg; dazu kommen das Albvorland und das Ries und endlich die Schwäbische Alb als Kernland des Wandergebiets. Sie ist mit ihren stolzen Burgen, ehrwürdigen Klöstern und den kleinen Städten im Schmuck alter Brunnen und Fachwerkhäuser zu jeder Zeit ein Paradies.

Auch in Oberschwaben unterhält der Albverein Wanderwege, auf denen man zwischen Donau und Bodensee, auf der Alb und in den Alpen ein Gebiet durchstreifen kann, das mit Wäldern und Wiesen, Mooren und Seen, Kunst- und Architekturdenkmälern reich gesegnet ist.

Die Schwäbische Albstraße Im Juni 1960 wurde die Schwäbische Albstraße geschaffen, eine der ersten touristischen Routen in Baden-Württemberg. Die 200 Kilometer lange Strecke von Aalen bis Tuttlingen (mit den Zweigen Nördlingen-Neresheim-Heidenheim und Dürbheim-Trossingen), deren Kennzeichen die Silberdistel als typische Albpflanze ist, bietet viel historisch Interessantes, ebenso eine Fülle herrlicher Kunstwerke wie historische Sehenswürdigkeiten, zum Beispiel römische Bäder und Kastelle in Heidenheim, Aalen und Rainau-Buch. Auch Museen wollen besichtigt werden: das Optische Museum in Oberkochen, das Wildschützenmuseum in Königsbronn, das Meteorkratermuseum in Sontheim und die Sammlung historischer Musikinstrumente im Schloß Lautlingen.

16

Barockklöster in stiller Landschaft Wanderungen auf der Schwäbischen Alb bieten auch die
Gelegenheit, Barockkunstwerke von Weltrang zu

besichtigen. Zum Beispiel die Klosterkirche in Zwiefalten. Zwiefalten liegt am
Fuße der Schwäbischen Alb in zwei Seitentälern der Aach und ist sozusagen
das Tor zum Oberland. Dort neigen sich die mit Laub- und Mischwald bewach-
senen Hänge der Schwäbischen Alb sanft nach Südosten zur Donau hinab
und bilden eine malerische Kulisse für das gewaltige Barockmünster, das den
ganzen Ort überragt und prägt. Johann Michael Fischer hat zusammen mit
den Meistern Johann Michael Feichtmayr und Franz Joseph Spiegler das weltberühmte spätbarocke Bauwerk als Krönung eines blühenden Klosters geschaffen. Die Klostergründung erfolgte 1089 von der Benediktinerabtei in
Hirsau im Schwarzwald. Das Münster entstand in den Jahren 1739 bis 1765.
Bei der Säkularisation im Jahre 1803 wurde die Abtei aufgelöst.
Die Landschaft dort ist bezaubernd: im Frühjahr, wenn im felsigen Dobeltal
Märzenbecher blühen, im Sommer, wenn Orchideen und würzige Kräuter mit
ihrem Duft die Wälder erfüllen, und im Herbst, wenn auch dort die Farben der
Alb in einer überschwenglichen Symphonie ihre größte Pracht entfalten.

17

*Auf einem Felsen hoch über dem
Echaztal thront Schloß Lichtenstein. Herzog Wilhelm von Urach
ließ sich von Wilhelm Hauffs
Roman „Lichtenstein" zum Bau
dieser romantischen Ritterburg
inspirieren.*

Am 12. Juli 1990 hatte ich folgende Reisechronik veröffentlicht: „Im Jahre 1530 begann Bürgermeister Hans Welling einen Bericht über das ‚Schafhaus auf dem Kriegsberg' mit folgendem Lobgesang: ‚Von dem Frauenberg kommen wir in einer halben Stunde auf den Rücken des Kriegsberges ... eine ausgezeichnet schöne Landschaft liegt zu Füßen des Beschauers. ... Warum sehnet ihr euch doch oftmals, Bewohner dieser

Geheime Pfade des Pfeifers von Hardt

herrlichen Landschaft, mit unruhigem Geiste nach einem fernen, schöneren Lande? Wisset ihr noch immer nicht, das Herrliche eurer Heimat zu würdigen, so steiget nur auf euren Höhen umher, und ihr werdet in vollem Maße nahe finden, was ihr ferne suchet.'"

Die Schwäbische Alb kann man zwar in Stuttgart vom Kriegsberg aus nicht wahrnehmen, aber an klaren Tagen kann ich die Albberge vom Fenster aus fast zum Greifen nahe sehen. Da fällt mir jedesmal ein, wie schön Wilhelm Hauff in seiner Erzählung „Lichtenstein" die Schwäbische Alb beschreibt. Junker Georg, der im Jahr 1519 in den Wirren des Krieges von Ulm aus die Alb überquert, um seinen Verfolgern zu entgehen und zu seiner Angebeteten Marie auf den Lichtenstein zu gelangen, wird auf diesem Weg vom „geheimnisumwitterten Pfeifer von Hardt" geführt. Der Spielmann Hans kennt jeden Weg und Steg. „Von jenem Bergrücken, wo Georg den Entschluß gefaßt hatte, seinem geheimnisvollen Führer zu folgen", heißt es in dem Buch, „gab es zwei Wege in die Gegend von Reutlingen, wo Mariens Bergschloß, der Lichtenstein, lag. Der eine war die offene Heerstraße, welche von Ulm nach Tübingen führt. Sie führte durch das schöne Blautal, bis man bei Blaubeuren wieder an den Fuß der Alb kam, von da quer über dieses Gebirge, vorbei an der Festung Hohen-Urach, gegen Sankt Johann und Pfullingen hin ... Der andere Weg, eigentlich ein Fußpfad und nur den Bewohnern des Landes genau bekannt, berührte auf einer Strecke von beinahe zwölf Stunden nur einige einzeln stehende Höfe, zog sich durch dichte Wälder und Gebirgsschluchten ..."

Nach ein paar Tagen Fußmarsch sagte Georg: „Es scheint, wir haben die Alb verlassen, dieses Tal, jene Hügel sehen bei weitem freundlicher aus als der Felsenboden und die öden Weideplätze, die wir durchzogen ..." „Ihr habt recht geraten, Junker", sagte Hans, „diese Täler gehören schon zum Unterland, und jenes Flüßchen, das Ihr seht, strömt zum Neckar." Er fügte hinzu, daß sie nur noch vier Stunden von Hardt entfernt und in Sicherheit seien.

Sie sehen, liebe Leser, daß ich die „Romantische Sage" vom Lichtenstein als Routenbeschreibung für die Schwäbische Alb benütze und Ihnen als Denksportaufgabe für Mußestunden ein paar Rätsel aufgebe. Wer kennt sich so gut auf der Alb aus, daß er beantworten kann, um welches Dorf Hardt es sich handelt, in dem der Spielmann Hans zu Hause war?

Ein herrliches Land Doch lassen wir den Junker Georg von der Landschaft schwärmen. Er suchte in seiner Betrübnis auf der Flucht „Zerstreuung in der lieblichen Ansicht, die sich noch bei weitem herrlicher seinen Augen öffnete, als ihn Hans etwa fünfzig Schritte höher geführt hatte. ... Ein ungeheures Panorama breitete sich vor den erstaunten Blicken Georgs aus, so überraschend, von so lieblichem Schmelz der Farben, von so erhabener Schönheit, daß seine Blicke eine geraume Zeit wie entrückt an ihnen hingen. Und wirklich, wer je mit reinem Sinn für die Schönheiten der Natur die Schwäbische Alb bestiegen hat, dem wird die Erinnerung eines solchen Anblicks unter die lieblichsten der Erde gehören. Auf diesen Gipfeln eines langen Gebirgsrückens erkennt das Auge Schlösser und Burgen ohne Zahl, die wie Wächter auf diesen Höhen sich lagern und über das Land hinschauen. Damals, als Georg auf dem Felsen stand, ragten sie noch fest und herrlich; sie breiteten sich wie eine undurchbrochene Schar gewaltiger Männer zwischen den Heldengestalten von Staufen und Hohenzollern aus. ‚Ein herrliches Land, dieses Württemberg‘, rief Georg, indem sein Auge von Hügel zu Hügel schweifte; er freute sich am stillen Reiz des Tales zu seinen Füßen und fragte den Pfeifer von Hardt: ‚Wie heißen jene Burgen auf den Hügeln? Wie heißen jene fernen Berge?‘ Der Bauer zeigte auf die hinterste Bergwand, dem Auge kaum sichtbar, und sagte: ‚Dort hinten zwischen Morgen und Mittag ist der Roßberg, in gleicher Richtung herwärts, jene vielen Felsenzacken sind die Höhen von Urach. Dort, mehr gegen Abend, ist Achalm, nicht weit davon, doch könnt Ihr ihn hier nicht sehen, liegt der Felsen von Lichtenstein ... Weiter hin, Ihr sehet doch jene scharfe Ecke, das ist die Teck; wendet Eure Blicke hier zur Rechten, jener hohe, steile Berg war einst die Wohnung berühmter Kaiser, es ist Hohenstaufen.‘ Auf Georgs Frage: ‚Aber wie heißt jene Burg, die hier zunächst aus der Tiefe emporsteigt‘, antwortet sein Begleiter: ‚Das ist Neuffen, Herr, auch eine starke Feste ...‘“

Nun, auf welchem Felsen standen die beiden, als der Pfeifer von Hardt das wundervolle Panorama erklärte? Sicher wissen es viele Leser; die Zuschriften auf meine damalige Fragen waren jedenfalls so zahlreich, daß ich mit Befriedigung feststellen konnte: Noch ist die Heimatkunde nicht verloren, wenn sie auch in den Schulen kein Unterrichtsfach mehr ist. Hier die Erklärung von Herrn Gerhard R. aus Bernhausen:

„Das Dörfchen Hardt liegt zwischen Wolfschlugen auf den Fildern und Nürtingen. Im 3. Teil, Kapitel 10, des ‚Lichtenstein‘ findet Herzog Ulrich Unterschlupf in der Ulrichshöhle. Diese Höhle ist im Wald bei Hardt, heute heißt sie Ulrichstein. Sie wird gebildet von zwei aneinander gelehnten Rätsandsteinblöcken, die einen Unterschlupf bieten, in dem nach einer dort angebrachten Tafel der Pfeifer von Hardt 1519 den Herzog Ulrich von Württemberg vor den Häschern versteckt gehalten hat.

Die geologische Entstehung der Höhle ist interessant. Ursprünglich lagerte die ebene Rätsandsteinschicht über der Schicht des Knollenmergels. Die beiden Bäche, die Aich und der Föllbach, haben sich in diese Schichten des Keupers eingeschnitten. Dadurch quoll der Knollenmergel durch das aufgestaute Regenwasser auf, und so konnten die Rätsandsteinfelsen abrutschen und gegeneinander kippen. Heute noch kann man durch diese beiden mächtigen Felsblöcke hindurchschlüpfen (Vorsicht, Glassplitter!). In unmittelbarer Nähe, wo der Föllbach in die Aich fließt, ist ein schöner Waldspielplatz mit Feuerstelle. Die von Hauff Teil 1, Kapitel 14, beschriebene Aussicht dürfte ein Rundblick im Bereich der Baßgeige (vielleicht vom Beurener Fels) sein."

Der Beurener Felsen ist richtig, wie andere Kenner der Schwäbischen Alb (und des Romans „Lichtenstein") bestätigten. Eine genaue Beschreibung der Baßgeige steuerte Herr H. R. bei, Oberstudienrat im Ruhestand: „Der Beurener oder Beurer Felsen erhebt sich 721 Meter hoch, nicht ganz 300 Meter höher als das darunter gelegene Bad Beuren (435 m). Die Baßgeige hat ihren Namen nach der gleichmäßig geschweiften Form und ist von oben her durch den ‚Geigenhals', einen schmalen Gebirgshals, erreichbar. Von Beuren unten im Tal aus ist der Anstieg sehr steil und auch zu Fuß nicht direkt zu machen. Von oben ist der Hohenneuffen unmittelbar sichtbar (bei Hauff: ‚Hier zunächst aus der Tiefe aufsteigend'), dahinter der Felsenkranz des Dettinger Roßbergs, nahe dem Hörnle, hinter diesem die Achalm und der Georgenberg aufsteigend, dann näher gelegen links noch Jusi und Florian. Nach rechts ist die Teck gerade noch sichtbar, dahinter der Hohenstaufen, Rechberg und Stuifen, die sogenannten Drei-Kaiser-Berge. Der Lichtenstein ist, wie Hauff schreibt, von dort aus nicht zu sehen.

Der Beurer Fels liegt nicht unmittelbar am Hauptwanderweg des Schwäbischen Albvereins (Hauptroute rotes Dreieck von Donauwörth nach Tuttlingen), sondern etwas ab davon, und Julius Wais rät in seinem ‚Albführer' dringend, wegen der dort geradezu überwältigenden Aussicht den relativ kurzen Umweg zum Beurer Felsen zu Fuß hin und zurück zu machen. Ich vermute, daß erst der Schwäbische Albverein den Zugang zum Felsen geschaffen hat, auch von Beuren her (blaues Dreieck). ...

Das Dorf, besser der Weiler Hardt, liegt nicht auf der Schwäbischen Alb, sondern ihr gegenüber ... Von der Autostraße Degerloch-Nürtingen zwischen Wolfschlugen und Oberensingen rechts abbiegen, dann kommt man leichter hin."

Bekommt man bei so viel Lob für die „überwältigende Aussicht" nicht Lust, auf den Spuren des Junkers Georg alias Herzog Ulrich von Württemberg auf geheimen Wegen über die Alb zu wandern?

In Baden-Württemberg gibt es 3 000 Höhlen. Manchmal kommen zu den bereits bekannten geheimnisumwitterten Hohlräumen unter der Erde Neuentdeckungen hinzu und helfen Wissenschaftlern, Umwelträtsel zu lösen,

Phantastische Höhlen

außerdem begeistern sie mit phantastischen Gesteinsbildungen und Farbenspielen. Die Wimsener Höhle auf der Schwäbischen Alb nahe dem altertümlichen Städtchen Hayingen mit dem weithin bekannten Naturtheater ist sogar mit dem Kahn befahrbar.

Eine der schönsten Tropfsteinhöhlen Süddeutschlands ist die Bärenhöhle bei Erpfingen, die im Jahre 1949 entdeckt wurde. Sie ist eine Fortsetzung der schon seit 1834 bekannten Karlshöhle. Vielgestaltige Tropfsteingebilde, geheimnisvolle Hallen, Gänge mit Überresten längst versunkener Tierwelten erregen die Bewunderung der Besucher. Die reichen Reste von Höhlenbären, die die Karlshöhle aufgewiesen hatte, wurden leider von Plünderern geraubt. Die Bärenhöhle konnte man vor einem ähnlichen Schicksal bewahren, so daß heute glücklicherweise noch viele Funde an ihrer ursprünglichen Lagerstätte zu sehen sind. Eine dritte interessante Höhle, die Nebelhöhle bei Genkingen, ist vor allem an Pfingsten ein beliebtes Ziel. Da findet das traditionelle Nebelhöhlenfest statt, das unter den mächtigen Eichen und Buchen in Erinnerung an die Besuche des württembergischen Königs Friedrich I. gefeiert wird. Wilhelm Hauffs Roman „Lichtenstein" tat sein übriges – das Fest wurde zum „schwäbischen Nationalfest".

Naturschauspiel unter der Erde Faszinierende Höhlen gibt es nicht nur auf der Schwäbischen Alb. In Eberstadt im Neckar-Odenwald-Kreis wurde 1971 bei einer Sprengung im gemeindeeigenen Steinbruch zufällig eine weitere Tropfsteinhöhle entdeckt. Einwohner von Eberstadt haben die 600 Meter lange Höhle in 7 000 Arbeitsstunden begehbar gemacht, und seitdem wurde sie von Millionen Besuchern bewundert. Die Höhle liegt im geographischen Grenzgebiet zwischen dem von Buntsandstein aufgebauten Odenwald im Nordosten und dem von Muschelkalk überdeckten Bauland im Südosten.

Mit ihrem reichen Schmuck an herabhängenden Deckentropfsteinen oder Stalaktiten und den nach oben wachsenden Stalagmiten vermittelt sie einen unvergeßlichen Eindruck von der Schönheit und dem Formenreichtum der Natur. Ein besonderes Schmuckstück ist ein kleiner Höhlensee. Im hinteren Drittel der Höhle befinden sich Gruppen von Riesentropfsteinen, die über einen Meter Durchmesser und mehrere Meter Höhe aufweisen. Die Bildung der Höhle hat nach Schätzungen über eine Million Jahre gedauert. Sie verdankt ihre Entstehung der kalksteinauflösenden Wirkung von kohlensäurehaltigem Wasser, das über Gesteinsklüfte und Spalten fließt.

Wer auf dem Weg zur Schwäbischen Alb ist, sollte in Reutlingen eine Pause einlegen, um die tausendjährige Stadt zu besichtigen. Die einstige freie Reichsstadt, die 1803 zu Württemberg kam, weist eine Fülle erstrangiger Sehenswürdigkeiten auf. Türme, Tore, prächtige Fachwerkbauten, Brunnen und Kirchen erinnern an den Stolz, den Kunstsinn und den Wohlstand, der es den Bürgern schon im Mittelalter erlaubte, ihre Stadt mit großartigen Bauwerken zu verschönern und die Innenräume von bedeutenden Meistern

Kunstsinn und Gewerbefleiß unter der Achalm

ausschmücken zu lassen. Im Mittelpunkt des historischen Zentrums steht die Marienkirche, erbaut von 1247 bis 1343. Daß sie als „nationales Kulturdenkmal" unter besonderem Schutz steht, läßt ihren hohen Rang erkennen. Sie gilt als eine der schönsten hochgotischen Kirchen in Schwaben. Vom 71 Meter hohen Turm geht der Blick weit ins Land hinein und bis hinauf zur Schwäbischen Alb. Die 707 Meter hohe Achalm und der 602 Meter hohe Georgenberg, zwischen denen die Stadt eingebettet ist, sind sozusagen die Torwächter. Auf der Achalm ließ um 1020 Graf Egino eine Burg errichten, doch die Alamannen siedelten schon im 5. und 6. Jahrhundert im heutigen Stadtgebiet. Um 1200 wurde das Reutlinger Marktrecht bestätigt, und unter dem Stauferkaiser Friedrich II. wurde die Stadt mit einer mächtigen Mauer umgeben. Bis 1803, als Reutlingen zu Württemberg kam, war die freie Reichsstadt lange Zeit eine erbitterte Widersacherin Württembergs.

Ledererzeugung und Lederverarbeitung begründeten bereits im 13. Jahrhundert den Wohlstand der Stadt, wenig später kamen die Weberei und Tuchmacherei hinzu. 1855 wurde eine Webschule gegründet, die Vorgängerin des Technikums für Textilindustrie. Heute ist Reutlingen eine moderne, gewerbe- und industriereiche Großstadt mit einem regen kulturellen Leben.

Friedrich List – ein tragisches Schicksal Bevor Reutlingen im Jahre 1989 seinen großen Sohn Friedrich List anläßlich des 200. Geburtstages mit Ausstellungen feierte, wußten viele Bürger der Stadt nur wenig von diesem Mann, der seiner Zeit weit voraus war, wohl allzu weit. List, geboren am 6. August 1789, lehrte ab 1817 als Professor für Staatswirtschaft und Staatswissenschaft – wie es damals hieß – in Tübingen. 1819 nahm er seine Entlassung, weil ihn die Tätigkeit nicht befriedigte. Von seiner Vaterstadt zum Abgeordneten in die Württembergische Kammer gewählt, rügte er freimütig Mißstände in der Verwaltung und wurde deshalb 1822 zu zehnmonatiger Festungshaft verurteilt. Im Januar 1823 wurde er gegen das Versprechen, nach Amerika auszuwandern, aus der Haft entlassen und ließ sich in Pennsylvanien nieder. Dort begann der Aufstieg dieses großen Demokraten zu einer Persönlichkeit, deren

*Einer der berühmten Söhne
Reutlingens war der Nationalöko-
nom Friedrich List; ein von Gustav
Kietz gestaltetes Denkmal auf dem
Listplatz erinnert an ihn.*

Denken und Handeln weit über die Zeit hinaus reichte. Eine Entdeckung von
Kohlenflözen machte ihn finanziell unabhängig, und zusammen mit anderen
kapitalkräftigen Männern baute er die erste Eisenbahn.

1822 zog es ihn aber wieder in die Heimat zurück. Anfangs lebte er in Ham-
burg, ab 1833 in Leipzig und wurde zum Pionier des deutschen Eisenbahn-
wesens. Sein genialer Weitblick wurde ihm letztlich zum Verhängnis: Das
Unvermögen seiner Zeitgenossen, seinen Gedanken zu folgen, verbitterte ihn
so, daß er am 30. November 1846 seinem Leben durch einen Pistolenschuß ein
Ende bereitete.

Im sehr sehenswerten Heimatmuseum in Reutlingen, das im ehemaligen
Klosterhof untergebracht ist, wurde dem großen Sohn der Stadt ein Zimmer
gewidmet. Neben dem Friedrich-List-Zimmer sind auch die stadtgeschicht-
lichen Sammlungen über das Zunftwesen – Gerber, Weber, Weingärtner –
sowie Heimatstuben ostdeutscher Heimatvertriebener und die frühgeschicht-
lichen Sammlungen dort untergebracht. Außerdem erinnert ein Modell an die
Schlacht bei Reutlingen im Jahr 1377, die Graf Ulrich von Württemberg gegen
die freie Reichsstadt verloren hat. Es gibt also viele Gründe, das „Tor zur
Schwäbischen Alb" nicht achtlos hinter sich zu lassen.

Im wunderschönen Renaissancehof des Alten Schlosses in Stuttgart steht ein Denkmal, das wohl jeder kennt. Zumindest ist ihm Herzog Eberhard im Bart, den dieses Reiterstandbild aus dem Jahre 1859 zeigt, von der „heimlichen schwäbischen Nationalhymne" vertraut, die immer zur Cannstatter Volksfesteröffnung gesungen wird. Justinus Kerner, dessen Gedicht der Melodie zugrunde liegt, erzählt in seinen Versen, daß „prei-

Euer Land trägt Edelstein

send mit viel schönen Reden" deutsche Fürsten die Reichtümer nennen, die ihre Länder besitzen. Als Graf Eberhard von Württemberg an die Reihe kommt, kann er nicht von materiellen Schätzen berichten, aber davon, daß er jedem seiner Untertanen sein Haupt unbesorgt in den Schoß legen könne. „Graf im Bart, Ihr seid der reichste", rufen die Fürsten aus, „euer Land trägt Edelstein."

Der Reichste Fürst

Preisend mit viel schönen Reden
ihrer Länder Wert und Zahl,
saßen viele deutsche Fürsten
einst zu Worms im Kaisersaal.

„Herrlich", sprach der Fürst von Sachsen,
„ist mein Land und seine Macht,
Silber hegen seine Berge
wohl in manchem tiefen Schacht."

„Seht mein Land in üpp'ger Fülle",
sprach der Kurfürst von dem Rhein,
„goldne Saaten in den Tälern,
auf den Bergen edlen Wein!"

„Große Städte, reiche Klöster",
Ludwig, Herr zu Bayern, sprach,
„schaffen, daß mein Land dem Euren
wohl nicht steht an Schätzen nach."

Eberhard, der mit dem Barte,
Württembergs geliebter Herr,
sprach: „Mein Land hat kleine Städte,
trägt nicht Berge silberschwer;

doch ein Kleinod hält's verborgen:
Daß in Wäldern, noch so groß,
ich mein Haupt kann kühnlich legen
jedem Untertan in Schoß."

Und es rief der Herr von Sachsen,
der von Bayern, der vom Rhein:
"Graf im Bart! Ihr seid der reichste,
euer Land trägt Edelstein!"

Nach einer Legende soll diese Begegnung vor 500 Jahren während des Reichstags zu Worms stattgefunden haben. Der Reichstag von 1495, ein Ereignis von größter historischer Bedeutung, nimmt unter den Versammlungen der maßgeblichen Gremien des Deutschen Reiches als „Reichsreform-Reichstag" eine Sonderstellung ein. Unter dem Vorsitz von König Maximilian I., dem späteren Kaiser und „letzten Ritter", wurde nämlich damals zu Worms über zwei Einrichtungen von zukunftsweisender politischer, wirtschaftlicher und gesellschaftlicher Wirkung entschieden: über das Reichskammergericht als Vorläufer des heutigen Bundesgerichtshofs und über den „Gemeinen Pfennig" als erste deutsche Gesamtsteuer. Außerdem hat sich der Reichstag mit der Frage der Landfriedensordnung befaßt, in der es um den innerstaatlichen Frieden und den Ausgleich zwischen verschiedenen gesellschaftlichen Schichten ging. Für Württemberg ist der Reichstag von 1495 in der Nibelungenstadt Worms von besonders großer Bedeutung, weil das Land am 21. Juli zum Herzogtum und Graf Eberhard im Bart zum ersten Herzog von Württemberg erhoben wurde. Anläßlich dieses epochalen Ereignisses zeigte das Hauptstaatsarchiv Stuttgart im Jahre 1995 eine Ausstellung, in der einzigartige Exponate zu sehen waren, unter anderem die kostbare Ernennungsurkunde von Maximilian I. und das Zeremonialschwert der Herzogserhebung in Worms sowie die kunstvoll geschriebenen Urkunden mit Majestätssiegeln, welche die Verleihung von königlichen Rechten an Herzog Eberhard dokumentieren. Dabei handelt es sich um rechts- und verfassungsgeschichtliche Zeugnisse von höchstem Rang.
Eberhard wurde am 11. Dezember 1445 geboren, vier Jahre nach der Teilung der württembergischen Besitzungen zwischen seinem Vater Ludwig dem Älteren, der die Uracher Linie begründete, und dessen Bruder Graf Ulrich, dem Stifter der Neuffener oder Stuttgarter Linie. Da sein Vater bereits 1450 starb und sein älterer Bruder 1457, übernahm Eberhard als 14jähriger Junge die Regierung des Uracher Teils. Er ließ aber andere für sich regieren – nicht nur seines jugendlichen Alters wegen, sondern vor allem, weil zunächst seine rohen, ausschweifenden Charaktereigenschaften die Oberhand gewannen. Er

war jedoch auch sehr gottesfürchtig. Plötzlich raffte er sich auf und unternahm 1468 eine überaus beschwerliche Pilgerreise nach Jerusalem, von der er wohlbehalten und sittlich gereift zurückkehrte. Seine Heirat im Jahr 1474 mit der gebildeten Prinzessin Barbara Gonzaga aus Mantua wirkte ebenfalls sehr günstig, und fortan erwies er sich als hervorragender Herrscher für sein Land. Am 14. Dezember 1482 schloß er zu Münsingen mit seinem Vetter den berühmten Vertrag, durch den die beiden Landesteile wieder vereinigt und die Unteilbarkeit des Besitzes „auf ewige Zeiten" bestimmt wurde. Auch die Senioratserbfolge wurde damals festgelegt. Um dieses Landes- und Familiengrundgesetz abzusichern, übertrug er den drei Ständen – Prälaten, Ritterschaft und Landschaft (Vertreter der Städte und der Ämter) – die Überwachung des Vertrags.

Der Münsinger Vertrag Einst wurde die Schwäbische Alb häufig „rauhe Alb" genannt. Mit diesem Gänsehaut erzeugenden Wort „rauh" wurde vor allem die Münsinger Alb bedacht. Die Münsinger indes charakterisieren ihr Klima als besonders gut und meinen, sie haben es ihrer reinen Luft zu ver-

Münsingen, wo 1482 der berühmte Vertrag geschlossen wurde, liegt auf der Hochfläche der mittleren Alb.

danken, daß einer der verfassungsgeschichtlich bedeutendsten Verträge des ausgehenden Mittelalters in Münsingen zustande kam, wodurch die Stadt zum Geburtsort der parlamentarischen Demokratie auf dem europäischen Festland wurde.

In der Residenzstadt Stuttgart wütete die Pest. Deshalb einigten sich Graf Eberhard im Bart, dessen Residenz in Urach war, und sein Vetter, Graf Eberhard der Jüngere aus Stuttgart, auf Münsingen als Verhandlungsort, eine der höchstgelegenen Städte des damaligen Württembergs. Unter Mitwirkung der württembergischen Landstände, der städtischen sogenannten „Ehrbarkeit", der Klosteräbte und Ritter kam ein Vertrag zustande, der die Grundlage dafür ist, daß Württemberg die älteste demokratische Tradition aller deutschen Flächenstaaten besitzt. Denn nach diesem Vertrag bedurfte der Landesherr bei allen Entscheidungen von Gewicht der Zustimmung seiner Untertanen.

Urach – Residenz seit 1442 Urach war im Jahre 1442 württembergische Residenzstadt geworden. Von dort aus gründete Eberhard im Bart 1477 die Universität Tübingen. Heute ist das alte Residenzschloß ein Zweigmuseum des Württembergischen Landesmuseums, in dem die im Hause Württemberg traditionelle Jagdleidenschaft eindrucksvoll dokumentiert wird. Nur König Wilhelm I. und sein Sohn König Karl waren keine passionierten Jäger.

Der mittelalterliche Fachwerkbau des Schlosses ist historisch genau mit großem Aufwand renoviert worden. Der prächtige „goldene Saal" wird wegen seiner Ausstattung gelegentlich als „schönste Wohnstube im alten Württemberg" bezeichnet. Die stilisierten Königspalmen im sogenannten Palmensaal erinnern an die Pilgerfahrt Graf Eberhards nach Jerusalem und an seine hochstrebenden politischen Pläne. An die Glanzzeit Urachs als württembergische Residenz erinnert auch der gotische Marktbrunnen, dessen originale Figurensäule ins Schloßmuseum gebracht wurde; die prächtigen Fachwerkhäuser stammen ebenfalls aus dieser Epoche.

Eberhard im Bart konnte sich seiner Herzogswürde nicht lange erfreuen. Er starb, erst 51jährig, am 24. Februar 1496. Doch noch immer gilt das volkstümliche Lied mit dem Text von Justinus Kerner „Preisend mit viel schönen Reden" als schwäbische Nationalhymne. Im Mittleren Schloßgarten in Stuttgart steht zwischen dem Planetarium und der Schillerstraße ein Denkmal aus dem Jahr 1881, das der Bildhauer Paul Müller nach Kerners Gedicht geschaffen hat. Es zeigt den letzten Grafen und ersten Herzog von Württemberg unbesorgt ruhend im Schoße eines Untertanen, also in der Pose, welche die übrigen Fürsten ausrufen ließ, daß Eberhard im Bart der Reichste sei.

Aus der Residenzstadt Urach ist inzwischen ein vielbesuchtes, staatlich anerkanntes Heilbad geworden, das mit seinen modernsten therapeutischen Ein-

Das Uracher Schloß, ein Steinhaus mit einem Fachwerkaufsatz, wurde 1443 erbaut. Eberhard im Bart ließ es anläßlich seiner Hochzeit mit Barbara Gonzaga aus Mantua erneuern und ausbauen.

richtungen beste Voraussetzungen für die Gesunderhaltung und Heilung von Krankheiten bietet und gleichzeitig ein angenehmer Urlaubsort für die ganze Familie geblieben ist.

Der Geburtsort der Brezel Wenn man einer alten Legende glauben darf, wurde das schwäbische Nationalgebäck Brezel in Urach erfunden, als der Ort württembergische Residenzstadt war. Ein dortiger Bäcker, der sein Handwerk vorzüglich ausgeübt habe, aber ein Hitzkopf gewesen sei, soll seinen Gesellen aus Wut über einen Diebstahl so rabiat eine Treppe hinunter gestoßen haben, daß sich der Missetäter das Genick brach. Deshalb, so besagt die Überlieferung, sollte der Meister durch den Tod am Galgen seinem Gesellen ins Jenseits folgen. Doch die Uracher legten beim Grafen von Württemberg so inständig Fürbitte für ihren Mitbürger ein, daß er sich zu folgendem Gnadenerweis bereit erklärte: Wenn es dem „Beck" gelinge, noch in derselben Nacht ein Brot zu backen, durch das die Sonne dreifach scheinen könne, solle er frei sein. Dem Meister gelang es – was wahrscheinlich der Graf nicht für möglich gehalten hatte – , aus einem Teigstrang die Brezel mit ihren drei Fenstern zu erfinden. Der Graf hielt Wort und schenkte ihm die Freiheit.

Es ist eine denkwürdige Fügung, daß die Schwäbische Alb im Herzen von Baden-Württemberg Ursprungsland zweier großer Fürstengeschlechter ist. Die Staufer mit den Kaisern Friedrich Barbarossa und Friedrich II., die im frühen

Das kaiserliche Ferienland

Mittelalter über eine kurze Zeitspanne das Staunen der Welt erregten, sind zur Legende geworden, ihre Stammburg bei Göppingen ist verfallen. Doch die Burg der Hohenzollern, die in der Neuzeit die preußische Königs- und Kaiserkrone erlangten, leuchtet noch weithin sichtbar ins schwäbische Land hinein. Sie lockt alljährlich Hunderttausende von Besuchern an und ist zum Symbol für das „Kaiserliche Ferienland" geworden.

Burg Hohenzollern – ein verwirklichter Traum An einem schönen Juliabend des Jahres 1819 besuchte der 23 jährige Kronprinz Friedrich Wilhelm von Preußen, der sich auf einer Reise nach Italien befand, die fast völlig verfallene Stammburg seiner Väter und nahm sich vor, sie wieder aufzubauen. Nachdem er als König Friedrich Wilhelm IV. die Regierung übernommen hatte und die Hohenzollerischen Lande 1848 mit Preußen vereint worden waren, verwirklichte er seinen Jugendtraum.

Von 1850 bis 1867 baute der Architekt August Stüler, ein Schüler des berühmten Schinkel, die imposante Burganlage im romantischen neugotischen Stil, wie wir sie heute kennen. Sie besteht aus einem vieltürmigen Hochschloß und den Wehranlagen, ein Meisterwerk der Kriegsbaukunst des 19. Jahrhunderts, das der Ingenieur Oberst von Prittwitz schuf. Die Gesamtanlage erhebt sich gleich einer sagenhaften Gralsburg überaus malerisch auf dem 855 Meter hohen, freistehenden „schönsten Berg der Schwaben" und gewährt von den Bastionen aus einen überwältigenden Rundblick.

Während das Haus Hohenzollern schon 1061 erstmals urkundlich erwähnt wird, gibt es von der Burg „Castro Zolre" ein schriftliches Zeugnis erst aus dem Jahre 1267, wahrscheinlich stammt sie aber ebenfalls aus dem 11. Jahrhundert. In zeitgenössischen Quellen wird sie als „Krone aller Burgen in Schwaben" und das „vesteste Haus in teutschen Landen" gerühmt. Trotzdem wurde sie von den schwäbischen Reichsstädten nach zehnmonatiger Belagerung im Jahre 1423 völlig zerstört, und König Sigmund verbot „auf alle Zeiten" ihren Wiederaufbau. Zwar hat Sigmunds Nachfolger Kaiser Friedrich III. 30 Jahre später das Verbot aufgehoben, und die Burg wurde von den Zollerngrafen von 1454 bis 1500 größer wiederaufgebaut und zu Beginn des Dreißigjährigen Kriegs stark befestigt, doch württembergischen Truppen gelang es 1634, sie nach neunmonatiger Belagerung einzunehmen.

Später wechselte sie mehrfach die Besitzer, unter anderem gehörte sie von 1667 bis 1771 dem Haus Österreich. Sie verfiel immer mehr zur Ruine. Nur der

größte Teil der St.-Michaels-Kapelle stand noch, als der 23 jährige Kronprinz von Preußen an jenem Juliabend des Jahres 1819 davon träumte, den Stammsitz seiner Ahnen wieder aufzubauen.

Auf den Ruinen des alten Stammsitzes der Zollern ließ der preußische König Friedrich Wilhelm IV. ab 1850 eine Anlage im neugotischen Stil erbauen: die Burg Hohenzollern.

Sehenswerte Sammlungen Der kunstsinnige Prinz Louis Ferdinand von Preußen begann ab 1952 als Hausherr der Burg, die Zimmer und Säle mit künstlerisch wertvollen und historisch bedeutsamen Gegenständen zur Geschichte Preußens und seiner Könige auszustatten. Unter anderem kann man einen Waffenrock Friedrichs des Großen sehen und eine Robe der Königin Luise. Gemälde namhafter Meister, zum Beispiel Lenbach und Menzel, sind zu bewundern, und in der Michaelskapelle Sandsteinplatten aus spätromanischer Zeit und spätgotische Glasbilder.
In der Christuskapelle, die auf besonderen Wunsch König Friedrich Wilhelms IV. erbaut wurde, befanden sich von September 1952 bis August 1991 die Särge von Friedrich dem Großen und seinem Vater König Friedrich Wilhelm I., die dann gemäß dem Testament des berühmtesten Preußenkönigs nach Sanssouci überführt wurden.

Als am 22. April 1982 meine Reisechronik über Heilsbronn erschienen war, machten mich zahlreiche Leser darauf aufmerksam, daß der Ortsname nicht richtig geschrieben sei; es müsse doch sicher Heilbronn und nicht Heilsbronn

Kein Buchstabe zuviel

heißen. Ein Städtchen namens Heilsbronn war damals nur besonderen Kunst- und Geschichtskennern bekannt, und evangelisch-lutherischen Theologen war der Name geläufig, weil sich im ehemaligen Heilsbronner Kloster das Religionspädagogische Zentrum befindet.

Ich gebe zu, daß auch ich bis 1981 nichts von Heilsbronn wußte und vielleicht das „s" für einen Fehler gehalten hätte, aber nachdem ich bei einer Fahrt durch den Kreis Ansbach dieses zauberhafte alte Klosterstädtchen kennengelernt hatte, war ich so beeindruckt, daß ich öfter dorthin fuhr. Die vielfache Unkenntnis über dieses Kleinod im benachbarten bayerischen Frankenland mag in der isolierten Lage begründet gewesen sein, die es vor dem Bau der Autobahn Stuttgart-Nürnberg hatte.

Seit rund 25 Jahren erreicht man es leicht über die A 6. Die Ausfahrt heißt Neuendettelsau/Heilsbronn. Auch die sogenannte Burgenstraße ist eine sehr schöne Zufahrt; von Ansbach aus sind es etwa 20 Kilometer.

Zwar liegt Heilsbronn jenseits der baden-württembergischen Landesgrenze, aber durch das Zollersche Fürstengeschlecht ist es geschichtlich eng mit Württemberg verknüpft.

Das Klosterstädtchen Heilsbronn Das Städtchen ist so idyllisch und strahlt so viel fast weltentrückten Frieden aus, daß man meint, die Zeit sei durch einen Zauberspruch angehalten worden. Der Ursprung des Ortes geht auf das dortige, im Jahre 1132 von Bischof Otto von Bamberg gestiftete Zisterzienserkloster zurück. Ab dem 12. Jahrhundert stand das Kloster unter dem Schutz der hohenzollerschen Burggrafen von Nürnberg, die das Vogteirecht darüber erwarben. Und über die Burggrafen von Nürnberg führt der Weg von der württembergischen Burg Hohenzollern nach Preußen. In der Heilsbronner Klosterkirche befindet sich das Erbbegräbnis der Nürnberger Zollern-Linie. Von den Grabmälern waren mehrere schon in früheren Jahrhunderten wegen ihres hohen künstlerischen Wertes sehr berühmt. Das Kloster wurde 1555 aufgehoben, aber bis heute bewahrt das Städtchen sein Aussehen als klösterliche Anlage. Handwerklich besonders schöne Fachwerkhäuser und erhabene romanische Bauten bilden eine harmonische Einheit.

Das Münster, erbaut von 1132 bis 1139, ist aber nicht nur wegen der romanischen Architektur und der Grabstätten der Zollerngrafen eine besondere Sehenswürdigkeit; es birgt noch andere hochrangige Kunstschätze, zum Beispiel Flügelaltäre, eine herrliche Pietà (um 1500) und einen Christus (1468) aus der

Schule von Veit Stoß. Mehrere Werke aus der Kirche gehörten zu den besonders kostbaren Exponaten der Wittelsbachausstellung 1980 in München.

Eine ungewöhnliche Sehenswürdigkeit im fast tausendjährigen Klosterstädtchen ist auch die ehemalige Spitalkapelle: Auf das steinerne sakrale Fundament wurde ein behäbiges Fachwerkhaus aufgesetzt – ein kurioser, höchst malerischer Anblick!

Wie kamen die Zollern nach Preußen? „800 Jahre Hohenzollern in Franken" lautete 1992 das Hauptthema des Fremdenverkehrsverbands Franken, und da der heutige Zollernalbkreis mit der Burg Hohenzollern bei Hechingen das Stammland dieses großen deutschen Fürstengeschlechts ist, hatte das fränkische Jubiläum auch meine Reisechronik vom 14. Mai 1992 inspiriert. Denn: Wie kamen die Zollern nach Preußen?

Das Geschlecht der „Zolra" oder „Zolro" wird zwar urkundlich erstmals 1201 erwähnt, ist aber bestimmt noch viel älter. Mit Friedrich I., der 1201 starb, trat es ins Licht der Geschichte. Der Zollerngraf Friedrich heiratete nämlich die Gräfin Sophie von Raabs, und dieses aus Österreich stammende Geschlecht hatte das Amt des Burggrafen von Nürnberg inne. Der Glanz des Hauses Raabs strahlte nun auch auf Friedrich aus. Nach seiner Hochzeit mit Sophie wurde er im Jahre 1192 von Kaiser Heinrich IV. zum Burggrafen von Nürnberg ernannt, und der steile Aufstieg derer von „Zolra" begann.

Im Jahre 1398 wählte Friedrich VI., Burggraf von Nürnberg, die Plassenburg in Kulmbach zu seiner Residenz. 1411 wurde er „Verweser und Hauptmann" in den brandenburgischen Landen und damit der Vorfahr des preußischen Königshauses. 1415 erhielt er die brandenburgische Kurfürstenwürde. Seine Gemahlin war Herzogin Elisabeth von Bayern, die wegen ihrer Schönheit „die schöne Else" genannt wurde. Sie, eine Bayerin, wurde also die Stammutter der Preußen.

Die schwäbischen Vettern der Nürnberger Linie, die Grafen von Zollern, wurden 1623 in den Reichsfürstenstand erhoben und nannten sich fortan „von Hohenzollern".

Die Anziehungskraft der Burg Hohenzollern verleitet dazu, an der Stadt Hechingen achtlos vorüberzufahren. Seit ich Hechingen auf einem Ausflug wiedergesehen hatte, nahm ich mir vor, meinen Lesern diese einstige Residenz und ihre Teilgemeinden in Erinnerung zu rufen. Sie haben viel Sehens- und Wissenswertes zu bieten und sind Ausgangspunkt für herrliche Wanderungen. In der stillen Landschaft der Zollernalb erwarten die Besucher nur 60 Kilometer von Stuttgart entfernt Entdeckerfreuden, die für die ganze Familie zum nachhaltigen Erlebnis werden.

Hechingen – schöne kleine Residenz

Auf den Gassen und Plätzen der einstigen Residenzstadt des Fürstentums Hohenzollern-Hechingen schaffen Vergangenheit und Gegenwart die richtige Atmosphäre zur Flucht aus dem Alltag. Sehenswürdigkeit Nr. 1 ist die Stiftskirche, eine der bedeutendsten Kirchenbauten des Klassizismus in Süddeutschland. Das Besondere an dieser Kirche ist, daß sie nach einem einheitlichen Entwurf gebaut und nicht erst später klassizistische Ausbauten erhalten hat. Das Gotteshaus, errichtet nach Plänen von Michel d'Ixnard von 1780 bis 1783, ist Wahrzeichen und Mittelpunkt der Stadt.

Ein Kleinod ist auch die ehemalige Franziskanerkirche St. Luzen (1586/89). Sie wurde erst vor wenigen Jahren nach Originalplänen restauriert. Die Villa Eugenia im „Fürstengarten", das Alte und das Neue Schloß, das „Weiße Häuschen", das den Fürsten für Billardspiele und zur Geselligkeit diente, das Jagdschloß Lindich sowie viele kunsthistorisch bedeutende, in idyllischen Teilgemeinden stehende alte Wallfahrtskirchen und Kapellen: Die Liste der Sehenswürdigkeiten ist lang.

Friedrich von Steuben und Amerika Das Alte Schloß beherbergt unter anderem die Steubensammlungen. In New York findet bekanntlich alljährlich die sogenannte Steubenparade statt. Friedrich von Steuben war nach seinem Ausscheiden aus preußischen Diensten Hofmarschall in Hechingen (1764–77), wanderte dann nach Amerika aus, organisierte die nordamerikanische Armee neu und hatte als ihr Generalinspekteur entscheidenden Anteil am Sieg George Washingtons im Unabhängigkeitskrieg. Ein Standbild des berühmten Generals steht in Hechingen vor dem Eingang zum „Weißen Häuschen" im Fürstengarten.

Madame Kaulla aus Hechingen Im Frühjahr 1994 hat der Stuttgarter Gemeinderat beschlossen, dem Finanzgenie Madame Kaulla, Gründerin der Landesbank, eine Straße zu widmen. Madame Kaulla stammte aus Hechingen. Um die Mitte des 19. Jahrhunderts war jeder vierte Bewohner Hechingens jüdischen Glaubens. In dieser Stadt hat das Geschlecht der bedeutenden

34

Hoffaktorenfamilie Kaulla seine Wurzeln, und jüdische Unternehmer, zum Beispiel die Baruchs, begannen dort mit dem Aufbau der Industrie.

Im Jahre 1767 ließ die jüdische Gemeinde in der Goldschmiedgasse eine Synagoge errichten, die 1850/52 erweitert wurde. In der Nacht vom 9. zum 10. November 1938 demolierten Hechinger Bürger unter der Leitung von SA-Männern aus Reutlingen die Inneneinrichtung, gottlob blieb wenigstens die bauliche Hülle erhalten. Die instandgesetzte Alte Synagoge, daneben das frühere jüdische Schul- und Gemeindehaus und der Judenfriedhof auf dem Galgenberg sind heute Gedenkstätten.

Pompeji beim Hohenzollern In Hechingen-Stein, direkt am Zubringer der Autobahn Stuttgart-Singen, wurde 1973 eine der größten und am besten erhaltenen römischen Gutsanlagen nördlich der Alpen entdeckt. Vor fast 2000 Jahren kamen ja außer den römischen Soldaten auch Gutsherren nach Germanien, die hier den Boden bebauten und im Schutze des Limes reich wurden. Ein wohlhabender und offenbar politisch einflußreicher Gutsherr baute sich bei Hechingen

Einen Ausflug in die römische Vergangenheit bietet das Freilichtmuseum in Hechingen-Stein. Es wurde in der römischen Gutsanlage eingerichtet, die dort vor etwa 30 Jahren entdeckt und bis heute teilweise rekonstruiert wurde.

eine Villa rustica, ein palastartiges Landgut mit ungefähr 1 600 Quadratmetern Wohnfläche, umgeben von 15 Versorgungsgebäuden: Ziegelei, Töpferei, Backhaus, Gerberei, Schmiede, Stallungen, Wohnungen für die Handwerker usw. Fußbodenheizung war eine Selbstverständlichkeit für solche Villen, und ein höchst komfortables Badehaus gehörte ebenfalls dazu. Das Hauptgebäude, das Backhaus und seine Getreidemühle wurden funktionsfähig restauriert, und Besucher können nun (nach Voranmeldung in Gruppen von etwa 14 Personen) Getreide mahlen und Brot backen wie die alten Römer.

Der Dreifürstenstein Von Hechingen-Beuren aus bietet sich für Wanderfreunde unter anderem das Gebiet um den Dreifürstenstein als Ziel an. Das Wappen von Beuren, das bereits im Jahre 786 erstmals urkundlich erwähnt wurde, zeigt drei rotgefütterte goldene Fürstenkronen mit Hermelinstulpen auf grünem Grund. Es erinnert an die drei Fürsten von Hohenzollern-Hechingen, von Württemberg und von Fürstenberg, die dort oben auf der Burgnase beisammensaßen. Am „Dreifürstenstein" stießen nämlich bis 1806 die Grenzen der drei Fürstentümer aneinander. Ihre Regenten konnten sich also ruhig gemeinsam an einen Steintisch setzen, ohne ihr eigenes Land verlassen zu müssen.

Als die schlimmsten Nachkriegsschwierigkeiten überwunden waren und man wieder an Ausflüge denken konnte, war das Fliederstädtchen Haigerloch alljährlich im Frühling ein Sonderzugziel der Deutschen Bundesbahn. Zur Fliederblüte nach Haigerloch im hohenzollerischen Unterland – da sah man etwas, was in der Bürde des Alltags wie ein Geschenk des Himmels zur Aufheiterung des oft trüben Gemüts wirkte.

Das Fliederstädtchen Haigerloch

Dann kam die Zeit des individuellen Autotourismus, und Haigerloch geriet etwas in Vergessenheit, weil es nicht nur mit der Eisenbahn, sondern auch per Auto schlecht zu erreichen war. Die neue Autobahn nach Singen hat schließlich das romantische Städtchen den Bewohnern des Großraums Stuttgart sehr nahe gerückt. Ab Ausfahrt Stuttgart-Vaihingen sind es bei normalen Verkehrsverhältnissen nur 40 Minuten.

Kleinod im Eyachtal Durch die jahrhundertelange Abgeschiedenheit Haigerlochs wurde ein Stadtbild bewahrt, das kaum seinesgleichen hat. Einzigartig ist vor allem die Lage. Zwischen dem Westabhang der Zollernalb und dem Schwarzwald hat sich das Flüßchen Eyach ein tiefes, enges Bett in die Kalkfelsen gegraben und bildet zwei S-Kurven. Auf einer hochaufragenden Landzunge, die von der halbkreisförmigen Schleife der Eyach malerisch umschlungen wird, baut sich stufenförmig die Oberstadt auf, während sich die Unterstadt in die schmale Talaue kuschelt. Auf der einen Seite bildet das altehrwürdige Schloß mit der Schloßkirche die Bekrönung, gegenüber grüßt die St.-Anna-Wallfahrtskirche. Eine einzigartige städtebauliche Anlage! Und voll von großartigen Sehenswürdigkeiten!

Im wesentlichen bot Haigerloch schon im 15. Jahrhundert sein heutiges Bild, wenn auch das Schloß mehrfach erweitert und umgebaut wurde, unter anderem von dem berühmten Vorarlberger Baumeister Beer. Bereits im Jahre 1095 ist Haigerloch erstmals urkundlich erwähnt, aber es hat wohl schon lange vorher bestanden. Der trutzige romanische „Römerturm", ein Wahrzeichen der Stadt, wird von Forschern als ältestes noch bestehendes Baudenkmal des Zollerngeschlechts bezeichnet (um 1100). Wenn man durch die engen Gäßchen geht, das majestätische Schloß, die Plätzchen, Winkel und stattlichen Bürgerhäuser betrachtet und hoch über dem Flußtal in die grüne Landschaft schaut, kommt man sich vor wie in einer Märchenwelt.

Geschenkte Häuser Die Mehrzahl der Wohngebäude ist mindestens 200 Jahre alt, manche sogar 400. Um die wunderschönen Fachwerkhäuser vor dem Verfall zu bewahren, hat die Stadtverwaltung schon lange bevor man anderwärts daran dachte, Häuser an Leute verschenkt, die sich zur stilgerechten

Das Stadtbild von Haigerloch wird von dieser reizvollen Ansicht ge-prägt: Schloßkirche (vorne) und Schloß auf einem Bergsporn über dem Eyachtal.

Renovierung verpflichteten. Die Besitzer solcher denkmalgeschützten Gebäude haben ja oft nicht das Geld für kostspielige Instandsetzungsarbeiten. Die Häuser sind die reinsten Festungen. Wie Trutzburgen sind sie mit mächtigen Grundmauern in den Felsen hineingebaut und erstrecken sich über mehrere Geschosse. In einigen haben sich Kunstgalerien oder ausübende Künstler eingerichtet.

Es ist höchst erstaunlich, welch reges Kulturleben in diesem Städtchen herrscht. Freilich ist Haigerloch heute der Mittelpunkt einer aus neun Teilgemeinden bestehenden Stadt mit über 10 000 Einwohnern, für die als Begegnungsstätte ein schönes neues Bürgerhaus geschaffen wurde. Dort gibt es regelmäßige, auf hohem Niveau stehende Ausstellungen. Einen anerkannten Namen haben sich vor allem die Haigerlocher Schloßkonzerte erworben.

Prager Pflaster Dieses kulturelle Angebot ist nur erklärlich aus der tiefen Verwurzelung in der abendländischen Geistestradition, die in dem Städtchen fortwirkt. Die Grafen von Hohenzollern-Haigerloch waren begeisterte Kunstfreunde und führten persönlich ein bescheidenes Leben, um Bauwerke schaffen zu lassen, deren Schönheit von europäischem Rang ist. 1981, im Jahr des „Barock in Baden-Württemberg", gehörten die St.-Anna-Wallfahrtskirche (1755) und die in den Jahren 1584 bis 1607 erbaute Schloßkirche mit ihrer großartigen barocken Innenausstattung zur klassischen Reiseroute auf den Spuren der Barockkunst. Die Kirchen präsentieren sich nach der Restaurierung in voller Pracht.

Im neuen Glanz zeigt sich auch das alte Residenzschloß. Ein Haigerlocher Bürger hat es spottbillig bekommen, um es zu restaurieren und instandzuhalten. Der Kunstfreund steckte sein ganzes Geld hinein, damit es stilgenau saniert werden konnte. Er kaufte sogar alte Prager Pflastersteine, um den Schloßhof so pflastern zu lassen, wie er früher ausgesehen hat. In einer süddeutschen Stadt, für die diese Pflastersteine ursprünglich gedacht waren, wollte man sie plötzlich nicht mehr, und nun schmücken sie mit ihren warmen Farbtönen den Innenhof des Schlosses. Ein Restaurant, Konferenzräume und einige komfortable Fremdenzimmer spannen den Bogen in unsere Zeit. Im ehemaligen Getreidespeicher befindet sich eine Kunstgalerie.

Die Beuroner Kunstschule Es ist ein schöner Zufall, daß das Schloßhofpflaster aus Prag stammt, denn einer der größten Söhne Haigerlochs, Peter Lenz alias Pater Desiderius vom Kloster Beuron (geb. 1832), hat unter anderem viel in der damals noch überwiegend deutschen Stadt Prag bewirkt. 1867 baute er im Kloster Beuron die Mauruskapelle, die als reinster Ausdruck der sogenannten Desiderianischen Gesamtkunst, der Beuroner Kunst, gepriesen wird.

In Prag schuf er die Abteikirche des berühmten Emausklosters und den Bildschmuck der Benediktinerinnenabtei St. Gabriel. Von höchster Meisterschaft sind auch seine Fresken, Mosaiken und anderen Arbeiten im Kloster auf dem Monte Cassino in Italien. In Stuttgart schuf er den Kreuzweg in der Marienkirche.

Ein anderer großer Sohn Haigerlochs war der Baumeister Christian Großbayer, der 1718 geboren wurde. Von ihm stammen die barocke Umgestaltung der Haigerlocher Schloßkirche (ab 1748) und der Neubau der St.-Anna-Kirche (ab 1753). Als „Bauinspektor" im benachbarten Fürstentum Hohenzollern-Hechingen hat er in einem Zeitraum von zirka 30 Jahren eine Fülle von Kirchen und weltlichen Bauten errichtet.

Es wäre noch von vielen Sehenswürdigkeiten Haigerlochs zu berichten: von der Nachschaffung des Abendmahls von Leonardo da Vinci in der evangelischen Kirche; von der herrlichen Umgebung mit Wiesen und Wäldern; von Bad Imnau; vom Atomkellermuseum usw.

Ein Atomkellermuseum? Wie paßt das zu einem so malerischen, romantischen Fliederstädtchen? Nun, das kam so: Im entlegenen, während des Krieges noch schwerer als sonst erreichbaren Haigerloch wurde damals die Forschungsstätte deutscher Atomphysiker versteckt, die besonders von den Amerikanern jahrelang vergeblich gesucht wurde. Erst gegen Kriegsende wurde sie gefunden. Die Wissenschaftler kamen in englische Gefangenschaft. Der Haigerlocher Atomkeller ist – wie könnte es in der stets von Kriegen heimgesuchten Welt anders sein? – ein Anziehungspunkt für internationale Besucher geworden.

Für einen Tagesausflug hatte ich wieder einmal Ellwangen als Ziel gewählt, denn dort kann man bei jedem Besuch neue interessante Details im Stadtbild, in den Kirchen und im Schloß entdecken. Die ehemalige Fürstpropstei gehört seit 1802 zu Württemberg, als Napoleon seinem Verbündeten Kurfürst Friedrich (seit dem Jahre 1806 König) von Württemberg hierzulande mit einem beträchtlichen Zuwachs für

Ellwangen – eine Stadt als Gesamtkunstwerk

die verlorenen Gebiete in Frankreich entschädigte. Elchwang/Elchhalde hieß der Flurname des unwirtlichen Gebietes an der Ostgrenze des Fränkischen Reiches, den sich die Brüder Hariolf und Erlof aus Langres in Burgund ausgesucht hatten, um im Jahre 764 ein Kloster zu gründen. Bald wurde die Abtei zu einem weithin ausstrahlenden geistigen und kulturellen Zentrum. Um 1130 genehmigte Abt Helmerich den Bau einer bürgerlichen Siedlung um das Kloster, deren Wachsen und zunehmende Bedeutung man heute an den Gebäuden und Straßen ablesen kann wie an den Jahresringen eines Baumes. Von der Klosteranlage und der mächtigen Kirche öffnet sich elliptisch der große Marktplatz, einer der schönsten Stadtplätze Deutschlands. Die erhabene Schlichtheit der romanischen Stiftskirche mit ihren drei spitzen Türmen dominiert den Platz, und schon hier, am Ursprung der Stadt, zeigt sich, welch vollkommene Harmonie die verschiedenen Baustile miteinander verbindet. Die Jesuitenkirche in ihrer barocken Pracht schiebt sich in die Westfront des romanischen Baus, und die beschwingten Balkone des alten Stiftsrathauses spielen in der Architektursymphonie einen heiteren Part mit.

Straßenzug um Straßenzug reiht sich in einem fast genau abgezirkelten Halboval um den Markplatz. Die Stiftschorherren schmückten ihre Häuser mit Skulpturen, die Bürger schienen es den Türmen abgeschaut zu haben und versahen ihre Häuser mit hochstrebenden steilen Giebeln. Die Stiftskirche in ihrer heutigen Gestalt stammt aus der Stauferzeit. Brände zerstörten sie zweimal. Von den ersten beiden Kirchen blieb fast nichts, doch bei Grabungen wurde ein unschätzbar wertvolles vergoldetes Reliquienkästchen aus dem 9. Jahrhundert gefunden, das sich jetzt als Leihgabe im Besitz des Württembergischen Landesmuseums in Stuttgart befindet. Das heutige Gotteshaus wurde 1233 geweiht. Seine Hauptbauzeit fiel unter die Regierung des gefürsteten Abtes Kuni I., der zum engen Beraterkreis Kaiser Friedrichs II. von Hohenstaufen gehörte und von ihm sogar wegen der Kaiserkrönung zum Papst nach Rom geschickt wurde. Die Abtei Ellwangen erinnert sehr an die Dome zu Worms und Mainz und gilt als eines der eindrucksvollsten Zeugnisse spätromanischer Architektur rechts des Rheines. Wunderschön ist eine spätromanische Krypta, die bei Renovierungsarbeiten freigelegt und rekonstruiert wurde.

Die große Glanzzeit der Benediktinerabtei dauerte bis 1460, als sie in ein weltliches Chorherrenstift umgewandelt wurde. Auch das Stift war ein bedeutendes geistiges Zentrum, das sich im schulischen Bildungsbereich große Verdienste erworben hat. Nach Aufhebung des Klosters wohnte der Fürstpropst Clemens Wenzeslaus im Schloß, ebenso der Hofstaat und die maximal 13 Hofdiener. Alle für einen autarken Haushalt nötigen Wirtschafts- und sonstigen Räume waren ebenfalls dort untergebracht.

Die Propstei Ellwangen umfaßte damals zirka 300 Quadratkilometer und war eine der bedeutendsten in Deutschland. Der letzte Fürstpropst Clemens Wenzeslaus, ein Sohn des Kurfürsten von Sachsen, war als Erzbischof und Kurfürst von Trier, als Fürstbischof von Augsburg und als Bischof von Freising und Regensburg eine auf höchster Reichsebene stehende Persönlichkeit. Der hochgebildete, kunstsinnige Fürst hatte die kirchliche und weltliche Verwaltung in seinen Kurlanden vorbildlich organisiert. Er förderte das Schulwesen, das Gewerbe und den Handel. Vom vielseitigen Schulangebot profitiert Ellwangen noch heute. Es ist somit kein Wunder, daß die Ellwanger wehmütig an die Hochblüte ihrer Stadt unter diesem Regenten zurückdenken.

Katharina und „Bruder Lustig" Aus der Absicht König Friedrichs von Württemberg, Ellwangen zur Residenz der neu erworbenen Gebiete in Ostwürttemberg zu machen, ist nichts geworden. Dort sollten seine Tochter Katharina und ihr Gemahl Jérôme Bonaparte residieren. Das Neue Schloß in Ellwangen wurde auch – allerdings nicht sehr prunkvoll – für den Einzug der hohen Herrschaften vorbereitet, doch sie wohnten nur sporadisch dort, und kaum waren verschiedene kostbarere Einrichtungsgegenstände angekommen, wurden sie schon wieder abtransportiert. Offenbar gefiel es Katharina und Jérôme, den sein Bruder Napoleon kurzerhand zum König von Westfalen gemacht hatte, viel besser in der dortigen Residenzstadt Kassel. Heute erinnert nur noch der Thronsessel im Neuen Schloß zu Ellwangen an das mißglückte Vorhaben. Sonst ist wenig aus dem königlichen Besitz vorhanden. Viel Inventar wurde zur Versteigerung freigegeben, und zum Leidwesen des Ellwanger Altertumsvereins hat man damals nicht vermerkt, wer es ersteigert hat. Das mächtige Renaissanceschloß, das einen besonders schönen Innenhof hat, ist eines der stolzen Wahrzeichen der Stadt. Im Inneren befindet sich ein interessantes Museum.

Übrigens wollte König Friedrich, als sich die politischen Verhältnisse zu Ungunsten Napoleons geändert hatten, daß seine Tochter ihren Gemahl verläßt. Katharina antwortete jedoch, ihr Vater habe sie gegen ihren Willen mit Jérôme verheiratet, jetzt bleibe sie auch bei ihm. Offenbar ist die Ehe mit „Bruder Lustig", wie Jérôme genannt wurde, noch recht glücklich geworden.

Die Wallfahrtskirche auf dem Schönenberg Das auffallendste Wahrzeichen Ellwangens ist die weit ins Land hinein sichtbare Wallfahrtskirche „Unserer Lieben Frau" hoch oben auf dem Schönenberg, die 1682 erbaut wurde. Schon aus weiter Ferne grüßt sie auch Zugreisende, die vorbeifahren. Die Kirche wirkt wie ein leuchtendes Fanal, das zur Einkehr in das lichtdurchflutete Gotteshaus ruft. Ihre Bedeutung in der Architekturgeschichte ist nicht geringer als die der Stiftskirche unten in der Stadt. Meister Thumb aus Bezau hat sie geschaffen als erstes Beispiel der Münsterbaukunst nach dem berühmten Vorarlberger Schema, dem Süddeutschland die schönsten Kirchen verdankt. In dieser Kirche erreichte auch die Kunst der Ellwanger Handwerker ihre höchste Blüte. Die Stuckarbeiten sind herrlich. In der Malerei bildet die Kirche ebenfalls einen Höhepunkt. Unter anderem besitzt sie ein Altarbild, das beidseitig bemalt ist und gewendet werden kann. Eine Seite zeigt Mariä Himmelfahrt vom Breslauer Hofmaler J. Classen, die andere Seite die Geburt Christi von Belucci. Noch heute ist die Kirche ein berühmter Wallfahrtsort. Unter anderem finden regelmäßige Wallfahrten von Heimatvertriebenen statt, ebenso von Griechen, Kroaten und anderen katholischen Gläubigen.

Auf einem Hügel nordöstlich der Stadt Ellwangen liegt die Wallfahrtskirche Schönenberg.

Auf der Ostalb gibt es zwischen Ellwangen und Aalen ein Freizeit- und Erholungszentrum, das zu einem beliebten Treffpunkt für Schwimmer, Segler, Surfer, Angler, Spaziergänger, Naturfreunde und archäologisch Interessierte

Wassersport und Archäologie auf der Ostalb

geworden ist. Wie kann man Wassersport und Archäologie miteinander in Einklang bringen? Im Erholungsgebiet Rainau-Buch, das im Frühjahr 1982 seiner Bestimmung übergeben wurde, besteht diese seltene, in Deutschland wohl einmalige Kombination. Dort befindet sich nämlich auch ein erstrangiges Freilichtmuseum am rätischen Limes, der einstigen römischen Grenze. Seit 1972 wurden hier durch die Abteilung Bodendenkmalpflege des Landesdenkmalamtes Baden-Württemberg Ausgrabungen mit hervorragenden Ergebnissen durchgeführt. So kann sich heute der Wassersportler, der am Stausee seinem Vergnügen nachgeht, gleich informieren, welch großzügiges Badezentrum der 500 Mann starken römischen Infanterie-Kohorte vor etwa 1800 Jahren zur Verfügung stand, die dort im 2,1 Hektar großen Kastell in Garnison lag. Das Erholungsgebiet entstand aus einer wasserwirtschaftlichen Notwendigkeit. Die Jagst, die oberhalb von Lauchheim unweit von Ellwangen entspringt, ist ein idyllisches Flüßchen, das sich wenige Kilometer nach seinem Ursprung so friedlich durch grüne Wiesen schlängelt, daß man meint, es könne nie Unheil stiften. Und doch schwillt es zu Zeiten der Schneeschmelze auf der Alb und bei heftigen Unwettern so stark an, daß es oft verheerende Überschwemmungen im Raum der Gemeinden Schwabsberg und Dalkingen gab. (Diese Orte wurden 1975 zur neuen Gemeinde Rainau zusammengefaßt.)

Im Jahre 1955 war wieder eine besonders schlimme Überschwemmung im oberen Jagsttal, und so kam es 1958 zu einem Zweckverband, der die „Jagstverbesserung durch Rückhaltebecken" zum Ziel hatte. Die wasserwirtschaftliche Maßnahme sollte bei der immer größer werdenden Bedeutung des Freizeitbereichs mit Erholungseinrichtungen verbunden werden, und so entstand dieses vorbildliche Freizeitzentrum mit Boots- und Spielbereich sowie Bade- und Naturbereich. An der B 290 ist ein großer Parkplatz vorhanden. Der Bootsbereich liegt ihm am nächsten, um den An- und Abtransport der Boote zu erleichtern. Längere Liegezeiten – bis zu drei Wochen – sind möglich. Wer kein Boot mitbringt, kann sich ein Ruder- oder Tretboot mieten. Selbstverständlich ist auch für Speis und Trank gesorgt.

Schätze aus der Römerzeit Der archäologische Teil mit konservierten Mauerresten eines Römerbades sowie dem Eingangstor eines Römerkastells und zwei weiteren Gebäuden, stellt die große Besonderheit dieser Anlage dar. Alle Objekte sind so gut beschildert und erläutert, daß sich jeder eine Vorstellung vom ursprünglichen Zustand und Zweck machen kann. Wie außerordentlich wertvoll die dortigen archäologischen Funde sind, ersieht man daraus, daß sie den Schwerpunkt des Limesmuseums in Aalen bilden. Das Freilichtmuseum ist so eine Ergänzung des Limesmuseums.

Nach Professor Dr. Planck, dem Präsidenten des Landesdenkmalamtes, handelt es sich bei den Funden – Münzen, Keramik, Glas- und Metallgefäße, Schmuck und Gerätschaften – um „die größten römischen Schatzfunde des dritten Jahrhunderts, die wir bisher aus Baden-Württemberg kennen". In drei Zisternen befanden sich Schätze, die wahrscheinlich während des 2. Jahrhunderts in den Kämpfen zwischen Römern und Germanen, besonders den Alamannen, versteckt wurden, zum Beispiel ein völlig erhaltener römischer Infanteriehelm, ein Kettenhemd aus Tausenden von Eisenringen, eine eiserne Schnellwaage und eine Holzfigur, die einen Stoffballenträger darstellt – eine derartige Figur wurde sonst noch nie in Süddeutschland gefunden.

Das Badezentrum des Kastells war 44 Meter lang. Der Besucher betrat durch einen überdachten Gang eine große Vorhalle, in der er seine Kleider ablegen konnte. Von dort aus ging er ins Kaltbad mit Badebecken, gegenüber befand sich das Schwitzbad. Von dort aus ging es über das lauwarme Bad ins Warmbad. Das große Warmbad und die beiden Bäder mit nur lauwarmem Wasser (Lau-Bäder) wurden durch einen zentralen Feuerungsraum beheizt.

Besonders interessant ist auch ein Gebäude, das man bisher bei den zivilen Wohnbauten, die zu einer Garnison gehörten, noch nirgends gefunden hatte. Es läßt in seiner Art den Schluß zu, daß es sich um eine Raststation, ein Unterkunftshaus für Durchreisende, vielleicht aber auch um das komfortable Wohnhaus des Kommandanten gehandelt hat. Zu dem Gebäude gehörte ein eigenes kleines Badehaus.

Der rätische Limes Die ehemalige Grenzbefestigung des Römerreiches verläuft nördlich des Stausees und zieht sich in weitem Bogen um das Freizeitzentrum herum. Der Limes hat sich für einen Rundwanderweg förmlich angeboten, auf dem man einen vorzüglichen Eindruck von der Grenzbefestigung und Grenzwehr des Römischen Reiches erhält. Absolut einmalig am gesamten römischen Limes vom Rhein bis zur Donau ist ein im Jahr 1974 ausgegrabenes Torgebäude bei Dalkingen mit einer Prunkfassade. Man vermutet, daß es ein Triumphtor für Kaiser Caracalla war; mehrere Funde weisen auf die Anwesenheit dieses römischen Imperators hin.

Im Bereich von Dalkingen, Schwabsberg und Buch liegen die besterhaltenen Teilstrecken des ganzen rätischen Limes. Über dem Stausee selbst lag das Kohortenkastell Buch mit seinem großen Lagerdorf, in dem einst Handwerker, Händler, Gastwirte und die Angehörigen der Soldaten wohnten.

Sandstrand und seltene Vögel Der im Süden des Sees liegende Badebereich hat ebenfalls eine Seltenheit auf der Alb zu bieten, nämlich einen künstlich angelegten, 150 Meter langen Sandstrand. Ausgedehnte Liegeflächen, Grillplätze, Duschen und Umkleidezellen fehlen ebenfalls nicht.

Besonders erfreulich ist, daß man ein 5 Hektar großes Vorbecken stillen Genießern vorbehalten hat. Dort haben sich seit dem Ausbau bereits seltene Vögel, zum Beispiel Graureiher, niedergelassen. An diesem oberen Ende des Sees befinden sich mehrere Angelstege des Angelsportvereins Ostalb.

So ist dieser Teil der Ostalb ein lohnendes Ausflugsziel für die ganze Familie. Und wenn zufällig kein Bade-, Surf- oder Wanderwetter sein sollte, fährt man eben nach Aalen ins großartige Limesmuseum oder nach Ellwangen mit seinen wunderschönen Kirchen.

Krippenkunst aus zwei Jahrhunderten Ellwangen, Rosenberg und Hohenberg haben außer ihren zahlreichen anderen Sehenswürdigkeiten etwas Besonderes zu bieten: Dort kann man der Aufforderung folgen, die der Evangelist Lukas die Hirten auf dem Felde sagen ließ, nachdem sie von der Geburt Christi erfahren hatten: Kommt, laßt uns sehen! Im Gebiet der einstigen Fürstpropstei gibt es nämlich in Kirchen und Museen wunderschöne Krippen, aus der Vergangenheit und aus unseren Tagen. In der Wallfahrtskirche auf dem Schönenberg befindet sich auf dem Geschoß der Empore ein großartiges Krippendiorama, das ein Oberammergauer Künstler in den Jahren 1910/11 geschaffen hat. Es wurde allerdings mehrfach verändert. Das jetzige Aussehen und das Hintergrundgemälde stammen von 1992/93. (Es kann ganzjährig besichtigt werden.)

Besonders reizvoll ist die Retzbach-Krippe von 1928/36 in der Spitalkapelle im Rathaus, deren Figuren und Hintergrund auf Ellwangen bezogen sind: Torbau und Brückenbogen des Schlosses, Ellwanger Bürger als Krippenfiguren usw. (Zu besichtigen in der Weihnachtszeit.)

Ganzjährig aufgestellt ist die sogenannte Stubenvoll-Krippe im Schloßmuseum. Sie stammt aus der Barockzeit um 1760/70 und gehört mit ihren 100 Figuren in alten Kostümen und dem prächtigen Festsaal, in dem die Hochzeit zu Kanaa stattfindet, zu den wertvollsten Schöpfungen schwäbischer Krippenkunst.

Aus dem Jahr 1986 ist die Krippe für den Choraufgang der Stiftskirche St. Veit in Ellwangen. In ihr werden Persönlichkeiten in das Geschehen der Heiligen Nacht einbezogen, die für die Weitergabe des Glaubens in der Geschichte der Stadt eine wichtige Rolle gespielt haben.

Eine heitere Stimmung teilt sich dem Betrachter der Krippen in den Pfarrkirchen in Rosenberg und Hohenberg mit. Unter der Leitung des Pfarrers haben Schulkinder und Frauen aus beiden Gemeinden die frohe Botschaft

dargestellt, und alljährlich kommen neue Szenen hinzu. Besonders reizvoll sind bei den Figuren die lokalen Bezüge: Rosenberger Waldarbeiter, Hohenberger Dorfmusikanten und andere Figuren.

In Rosenberg, Ellwangen und Hinterbrand gibt es noch andere sehenswerte Krippen. Man kann sich eine schöne Wanderung von beliebiger Länge zusammenstellen.

Eine Landschaft von ganz besonderer Art ist das Ries. Rund um den markanten Bergkegel des Ipf und um die ehemals freie Reichsstadt Bopfingen gehört es zum württembergischen Ostalbkreis, der andere Teil mit der von einer völlig intakten Mauer umgebenen alten Reichsstadt Nördlingen liegt in Bayerisch-Schwaben.

Das Ries, der Mond und die Weltraumfahrt

Als Herz der Romantischen Straße bezeichnet sich diese überaus reizvolle Landschaft am Rande der Schwäbischen Alb, denn kaum anderswo in Deutschland wird man auf verhältnismäßig engem Raum so viele idyllische Dörfer und malerische Städte finden. Kunstdenkmäler aus der romanischen Epoche, der Gotik und der Renaissance, aus dem Barock und Rokoko, geschaffen von den größten Meistern ihrer Zeit, überliefern die Lebensart, das Kunstverständnis und den Bürgerstolz früherer Geschlechter, die sich in sakralen Gebäuden ebenso widerspiegeln wie in Rathäusern und Wohngebäuden mit meisterhaftem Fachwerk. Im stillen Ries auf Wanderschaft zu gehen ist mitten in Europa fast wie die Begegnung mit jener romantisch verklärten, versunkenen Welt, nach der sich Nostalgiker in unserer hochtechnisierten Welt sehnen. Und gleichzeitig bedeutet es die Begegnung mit dieser, beinahe nur auf die technische Weiterentwicklung konzentrierten Gegenwart und Zukunft.

Das Geheimnis des Rieskraters Außerordentlich interessant ist die Entstehung der Rieslandschaft, die bis vor wenigen Jahren von Geheimnissen umwittert war. Manche meinten, ein gewaltiger Vulkanausbruch sei dafür verantwortlich, andere sprachen von Gletschereinwirkungen in der Eiszeit oder von Hebungen, Explosionen, Sprengungen. Vielfach wurde behauptet, der Mond sei aus dem Ries „geboren" worden. Bedeutende Wissenschaftler vermuteten jedoch schon lange, daß ein Meteoreinschlag für den Rieskrater verantwortlich sei. Diese Vermutung hat sich vor einigen Jahren als richtig erwiesen. Zudem war der – vor allem in der Bevölkerung – vielfach hergestellte Zusammenhang mit dem Mond gar nicht so abwegig, wenn auch der Mond nicht aus dem Rieskrater geboren wurde. Durch die moderne Weltraumforschung konnte nämlich nachgewiesen werden, daß tatsächlich ein Meteoreinschlag die Ursache war, denn die typischen Eigenschaften des Mondgesteins finden sich im Suevit wieder, dem Stein des Rieskraters.

In einer unvorstellbar gewaltigen Katastrophe hat vor 15 bis 16 Millionen Jahren ein Steinmeteor von mehr als einem Kilometer Durchmesser in dieses Gebiet eingeschlagen. Forschungen der NASA und wissenschaftliche Bohrungen bis in über tausend Meter Tiefe zur Untersuchung der Gesteinsbildungen haben dieses Naturereignis mit letzter Sicherheit nachgewiesen. Wer sich für Geologie interessiert, sollte den Suevitsteinbruch bei der „Alten Burg" besu-

*Der markante Bergkegel des Ipf
(668 m) bei Bopfingen liegt am
Westrand des Ries. Der Gipfel war
in frühgeschichtlicher Zeit befestigt,
die Ringwallanlage ist noch heute
gut zu erkennen.*

chen, einen der besten geologischen Aufschlüsse im Ries. Die dortigen Suevite werden als einziges derzeit bekanntes Material auf der Erde bezeichnet, das mit dem Mondgestein vergleichbar ist. Beide Materialien wurden durch ähnliche Metamorphosen gebildet. Dies war der Grund, weshalb die amerikanische NASA die Mannschaft von Apollo 14 zum Training ins Ries geschickt hat.

Bopfingen am Ipf – 3000 Jahre Besiedlung Bopfingen ist mit acht Teilorten, zu denen auch Trochtelfingen und Aufhausen gehören, ein Urlaubsort für besondere Genießer. In den Schenkungsurkunden des Klosters Fulda wird Bopfingen schon 776 erwähnt, doch die Besiedlung erfolgte sehr viel früher. Bereits im ersten Jahrtausend vor Christus befand sich auf dem Ipf eine keltische Stadt. Die Ringwallanlage jenes Oppidums auf dem Berg ist heute noch gut zu erkennen. Der Ipf ist deshalb eines der bedeutendsten Bodenkulturdenkmäler in Süddeutschland. Bopfingen, das in der Stauferzeit ab 1241 freie Reichsstadt wurde, gehört seit 1810 zu Württemberg. Am mittelalterlichen Marktplatz steht das 1585/86 erbaute Rathaus mit dem Pranger und seiner prächtigen Kunstuhr. Eine besondere Kostbarkeit ist der von Friedrich Herlin 1472 geschaffene Altar in der Stadtkirche. Reste der Stadtbefestigung mit dem Menlesturm erinnern an die reichsstädtische Zeit, und stattliche Fachwerkhäuser sind Zeugen bürgerlichen Selbstbewußtseins.

Viele Sehenswürdigkeiten befinden sich auch in den Teilgemeinden. Im idyllischen, mauerbewehrten Trochtelfingen gibt es interessante Heimatstuben, Schloß Balern besitzt eine bedeutende Waffensammlung, die Ruinen Flochberg und Schenkenstein, ebenso die Wallfahrtskirche Flochberg sowie Pflaumloch und Goldburghausen in reizvoller, fruchtbarer Landschaft, sind lohnende Ziele.

Die ganze Gegend rund um den Ipf ist so geschichtsträchtig, daß man auf Wanderungen eine Zeitreise durch mehrere tausend Jahre zurücklegt. Riesburg, das 1973 aus drei selbständigen Gemeinden gebildet wurde, ist landschaftlich und geologisch ebenfalls durch das gewaltige Riesereignis geprägt. Auf dem 514 Meter hohen Goldberg wurden Besiedlungen bis zurück in die Jungsteinzeit nachgewiesen. Im Teilort Utzmemmingen bezeugen die weltbekannten Ofnethöhlen von einer 13000 Jahre alten Besiedlung. Aus der Zeit der römischen Epoche wurde ein Gutshof ausgegraben.

Kelten, Römer und Alamannen haben auch in Kirchheim am Ries ihre Spuren hinterlassen. Ein kleines Alamannenmuseum gibt Auskunft über ein Gräberfeld mit über 800 Bestattungsstätten. Ein weiterer markanter Punkt in Kirchheim ist das ehemalige Zisterzienserinnenkloster mit Kirche und Nebengebäuden. Kirchheim ist ein beschauliches, gemütliches Dorf mit etwa 2500 Einwohnern, dessen ländliche Atmosphäre wohltuende Ferientage verspricht.

Es übersteigt beinahe jedes Vorstellungsvermögen, was die Staufer in der kurzen Zeit, die zwischen ihrem kometenhaften Aufstieg zu einem legendären Kaisertum und dem Untergang mit dem Tod Konradins, des letzten staufischen Herzogs von Schwaben, geleistet haben und wieviel durch sie in der Welt verändert wurde. In Baden-Württemberg lebt ihr Wirken vor allem in

Auf Stauferspuren

Städten und Klöstern fort, die von ihnen gegründet wurden; und diese Gründungen gehören zu den größten Sehenswürdigkeiten, die unser Land besitzt. Der erste nachweisbare Ahnherr des staufischen Geschlechts, das von 1138 bis 1251 den Kaiserthron des Römischen Reiches Deutscher Nation innehatte, war Friedrich von Büren, benannt nach dem Dorf Büren bei Göppingen, heute Wäschenbeuren. Im 11. Jahrhundert erbaute dessen Sohn Friedrich I. von Büren, der 1079 von Kaiser Heinrich IV. das Herzogtum Schwaben erhielt, auf dem Hohenstaufen jene Burg, deren Reste noch weithin sichtbar und beliebtes Ausflugsziel für historisch interessierte Menschen sind. Fortan nannte sich Friedrich nicht mehr von Büren, sondern von Hohenstaufen. Den hellsten Glanz und größten Ruhm erlangten bekanntlich der erste römisch-deutsche Kaiser aus dem Hause Hohenstaufen, Friedrich I. Barbarossa (1152–1190), und sein Enkel Kaiser Friedrich II. (1194–1250). Mit dem Tod des letzten staufischen Herzogs von Schwaben, Konradin, erlosch am 29. Oktober 1268 das große Fürstengeschlecht im Mannesstamm.

Konradin war von den staufertreuen Ghibellinen (den „Waiblingern") in Italien um Hilfe gegen die gegnerischen Guelfen (Welfen) gerufen worden. In den Wirren, die nach dem Tod Kaiser Friedrichs II. und Manfreds von Hohenstaufen geherrscht haben, war der französische Königssohn Karl von Anjou mit päpstlicher Hilfe König von Neapel und Sizilien geworden, und Konradin wollte das staufische Erbe zurückgewinnen. Doch die Schlacht bei Tagliacozzo gegen Karl von Anjou am 23. August 1268 verlor er und floh mit seinem Freund zu seinen Anhängern. Durch Verrat wurden die beiden blutjungen Männer schließlich gefangengenommen und auf dem Alten Markt in Neapel enthauptet. Konradin war kaum 14 Jahre alt. Seine letzte Ruhestätte befindet sich in der Kirche Santa Maria del Carmine in Neapel. Der bayerische Kronprinz und spätere König Maximilian II. von Bayern ließ dort nach einem Modell Thorwaldsons im Jahre 1817 eine Statue Konradins errichten.

Es gäbe noch viel zu erzählen aus jener Zeit, die besonders in Süditalien und Sizilien vielfach in Geschichten und Legenden weiterlebt. Eine der schönsten Küstenabschnitte am Adriatischen Meer nahe Bari ist nach Manfred von Hohenstaufen benannt, der Golf von Manfredonia.

Doch zurück ins schwäbische Stammland, zu den stauferschen Kloster- und Städtegründungen!

Die Wiege der Staufer Eine Reise auf Stauferspuren in Baden-Württemberg bleibt ohne die Stadt Lorch und das hoch auf einem Bergvorsprung thronende Kloster ein Fragment. Schon unter Friedrich von Büren umfaßte das Herzogtum Schwaben ein weitläufiges Territorium, das im Süden bis zum Fernpaß reichte. Friedrich I. ließ das Kloster Lorch als Begräbnisstätte für sein Geschlecht bauen, aber nicht alle Staufer wurden dort beigesetzt. Ihr Reich war so weitläufig, daß sie an vielen Orten kämpften und den Tod fanden: Barbarossa, sein Enkel Friedrich II. ebenso wie Konradin.

Die erste Urkunde über Lorch und das Kloster stammt vom Mai 1102. Darin wird dokumentiert, daß Herzog Friedrich I. von Schwaben, seine Gemahlin Agnes sowie die beiden Söhne Friedrich und Konrad das bereits bestehende Kloster dem Heiligen Stuhl in Rom übergaben. So hatte es – wie eine andere, im Jahre 1136 ausgestellte päpstliche Urkunde überliefert – der 1094 verstorbene Vater Friedrich von Büren vor seinem Tod gewünscht. 1140 ließ König Konrad III. die Gebeine seiner Vorfahren von der heutigen Stadtkirche (damals ein Chorherrenstift), wo sie beigesetzt waren, hinauf ins Kloster bringen. Dort wurden sie ursprünglich in der Klostergruft bestattet. Im Jahre 1475 ließ der damalige Abt die sterblichen Überreste in eine Tumba umbetten.

Der spätgotische Sarkophag, das großartige Werk eines unbekannten Göppinger Meisters aus dem Jahr 1475, hat eine Deckplatte von besonderer historischer Bedeutung, denn sie zeigt das staufische Wappen mit drei schreitenden Löwen, die auch das Landeswappen von Baden-Württemberg kennzeichnen. Ein ebenfalls sehr wichtiges geschichtliches Zeugnis ist die Deckelinschrift, die bekundet, daß in diesem Sarkophag Herzog Friedrich von Schwaben bestattet wurde. Von den anderen dort beigesetzten Staufern seien noch die Mutter Barbarossas, die Welfin Judith, der Sohn Konrads III., Heinrich, und Königin Irene genannt, die Gemahlin Philipps von Schwaben. Von den Kaisern der Stauferzeit wurde dort keiner bestattet.

Irene, Prinzessin von Byzanz, war die Tochter des Kaisers Isaak II. Angelos von Byzanz. Sie wurde im Jahre 1180 oder 1181 in Konstantinopel geboren und 1194 während der Kämpfe um Sizilien von den siegreichen Staufern erbeutet. Philipp, der damals 19jährige, jüngste Sohn von Kaiser Barbarossa, verliebte sich in Irene, die besonders schön gewesen sein soll, und nahm sie im Mai 1197 zur Frau. Es sei eine ausgesprochene Liebesheirat und eine überaus glückliche Ehe gewesen. Das Glück währte 13 Jahre. Am 21. Juni 1208 wurde Philipp, der inzwischen zum König gekrönt worden war, von seinem bayerischen Widersacher Otto von Wittelsbach in Bamberg ermordet. Königin Irene erwartete damals ein Kind. Nach dem Tod ihres geliebten Mannes zog sie sich auf die Stammburg Hohenstaufen zurück und starb dort am 27. August 1208 im Kindbett.

Kloster Lorch heute Während des Bauernkrieges wurde das Kloster im Jahre 1525 zerstört. Nach der Reformation ab 1535 schien der Verfall endgültig besiegelt. Erst 1890 wurden die noch verbliebenen Reste instandgesetzt. 1947 wurde ein evangelisches Alten- und Pflegeheim im Kloster eingerichtet.

Aber bis heute geht eine eigenartige Stimmung von dem alten Benediktinerkloster aus, obwohl man doch kein Ganzes, sondern nur noch Teile sieht. Da wird die Geschichte greifbar wie an wenigen anderen Orten, obwohl Glanz und Untergang der Staufer kaum 200 Jahre auseinander lagen. Wenn man aus dem einstigen Kapitelsaal und dem lichtdurchfluteten Innenraum der Klosterkirche hinaus tritt in den bezaubernden Garten mit dem plätschernden Brunnen und dann hinunter geht in die Stadt mit den schönen, heimeligen Fachwerkhäusern, kommt einem wieder einmal Eduard Mörike in den Sinn. Er nannte Lorch „ein Bauernstädtchen im Remstal". Es gefiel ihm so gut, daß er drei Jahre geblieben ist. Würde er heute sehen, wieviel dort an modernen Freizeiteinrichtungen für Urlaubsgäste und Einheimische geschaffen wurden, bliebe er wohl noch länger.

Schillers Kindheit in Lorch Im Leben von Friedrich Schiller spielte das Kloster Lorch eine bedeutende Rolle. Sein Vater wurde im Jahre 1765 von Herzog Carl Eugen als Werbeoffizier nach Schwäbisch Gmünd beordert. Da Schwäbisch Gmünd damals freie Reichsstadt war, wohnte die Familie in Lorch, dem nächstgelegenen württembergischen Ort. Die Stille und Einsamkeit dieses Tales, vor allem das weltentrückte Kloster, scheinen auf den sechsjährigen Knaben einen sehr tiefen Eindruck gemacht zu haben. Alles war so ernst, so feierlich, das ganze Gegenteil von der heiteren Rebenlandschft im Neckartal bei Marbach. In Lorch lag nun die Erziehung des Kindes nicht mehr beim Vater und der Mutter, sondern beim Ortspfarrer Daniel Moser. Mit dessen Sohn Karl freundete sich der kleine Fritz an, und mit ihm gemeinsam erhielt er von dem gelehrten geistlichen Herrn Unterricht in Latein und Griechisch. Schon lange hatte er als seinen späteren Lieblingsberuf Pfarrer angegeben, in Lorch schien dieses Ziel endgültig festzustehen. Oft band sich der Knabe eine schwarze Schürze als Priestersutane um, setzte sich ein Käppchen auf und hielt der Mutter und der Schwester mit großem Ernst von einem Stuhl herab eine Predigt. Wie die Schwester Christophine berichtet, waren die Predigten des Brüderchens schon damals durchaus sinnvoll.

Pfarrer ist Friedrich Schiller nicht geworden, aber wenn man sich in sein dichterisches Werk vertieft, erkennt man vielfach die guten Früchte, für welche die Kindheit in Lorch mitverantwortlich war. Die Freundschaft mit Karl Moser hatte in den späteren Jahren Bestand, und seinem Lehrer hat er in dem Schauspiel „Die Räuber" in der Person des Pastors Moser ein Denkmal gesetzt.

Göppingen liegt im Herzen des Stauferlandes: Die Stadt am Fuße des Hohenstaufen wurde im 12. Jahrhundert von dem berühmten Herrschergeschlecht gegründet, noch heute sind dort viele Sehenswürdigkeiten aus der Stauferzeit zu bewundern.

Göppingen und der Hohenstaufen In der Liste der Staufergründungen darf natürlich Göppingen nicht fehlen. Seit dem 19. Jahrhundert hat sich die Stadt zu einem Industriezentrum mit weltbekannten Firmen entwickelt – Schuler, Märklin – aber im Bewußtsein der Bürger bleibt fest verankert, daß ihre engste Heimat das Ursprungsland der Staufer ist. Bereits um die Mitte des 12. Jahrhunderts wurde Göppingen zur Stadt erhoben; ihr Vorläufer waren mehrere weilerartige Dörfer, die durch alamannische Gräberfunde nachgewiesen sind. Noch heute bewahrt Göppingen viele bedeutende Sehenswürdigkeiten aus der Stauferzeit. In der Oberhofenkirche ist sogar die älteste noch existierende bildliche Darstellung der Burg Hohenstaufen zu sehen.

Ein erstrangiges mittelalterliches Architekturdenkmal ist die Barbarossakirche, eigentlich heißt sie St. Jakobs-Pfarrkirche. Ihr heutiges Aussehen erhielt sie im wesentlichen im 15. Jahrhundert. Die urkundlichen Überlieferungen gehen bis ins Jahr 1228 zurück. Zu Beginn des 19. Jahrhunderts bemühte sich der Hohenstaufenverein, die alte Kirche zum Stauferdenkmal auszubauen. Es lohnt sich sehr, diese Kirche zu besichtigen. Unterhalb des Dachtraufs und am neuen

Westgiebel wurden die Wappen der staufischen Ministerialengeschlechter angebracht, auch die der staufischen Herrschaftsgebiete und der sieben Kurfürsten. Die Mitte des Giebels ziert der Reichsadler, umgeben von den Namen der staufischen Herrscher. Seit Kriegsende ist die Kirche ein katholisches Gotteshaus. Als Gedenkstätte staufischer Geschichte bekam sie den Namen „Barbarossakirche" – vor allem wegen eines Bildes mit Kaiser Barbarossa, das 1783 gemalt wurde. Das Gemälde erinnert daran, daß Kaiser Rotbart der Sage nach bei seinen Besuchen auf der Heimatburg einen unterirdischen Gang benützt hat und durch die nördliche Pforte zum Gottesdienst in die St. Jakobskirche eingetreten ist.

Auf dem Hohenstaufen sind kaum Zeugnisse aus jener großen Zeit erhalten; doch im Rahmen der Stauferausstellung des Württembergischen Landesmuseums in Stuttgart, die weltweites Aufsehen erregte und einen ungeahnten Besucherstrom aus vielen Ländern anlockte, wurde am 2. April 1977 am Fuße des Berges in der Nähe der Barbarossakirche ein Dokumentationsraum eingerichtet. Dies war den Bemühungen der „Gesellschaft der Freunde staufischer Geschichte" zu verdanken und wurde mit Mitteln des Landes Baden-Württemberg, des Kreises Göppingen und durch Spenden finanziert.

In dem Raum mit Originalen oder Kopien, Fotos oder Modellen wird die Zeit der Staufer sehr eindrucksvoll dargestellt und in ihrer Geschichte, Kunst, Kultur und Kontinente umfassenden Bedeutung lebendig. Aber auch die engere Heimat der Staufer wird dokumentiert und rein örtliche Gesichtspunkte nicht außer Acht gelassen, so daß sich jeder Besucher angesprochen fühlt.

Ausgestellt ist auch ein Modell der Burg Hohenstaufen, wie sie aller Wahrscheinlichkeit nach um das Jahr 1100 ausgesehen hat. Dr.-Ing. Lipp aus Göppingen, der Leiter der Ausgrabungen auf dem Hohenstaufen, verwertete dabei die Ergebnisse seiner sorgfältigen Untersuchungen. Das Modell ist so anschaulich, daß sich allein deshalb schon ein Besuch der Dokumentation lohnt. Wie lebten damals die höchsten Fürstlichkeiten, die Bediensteten, die Mannschaften – und vieles andere erfährt man.

Die Zeit der Staufer war die große Zeit der mittelalterlichen Städtegründungen. Schwäbisch Gmünd nimmt für sich in Anspruch – sicher mit Recht – , die erste Stadtgründung der Staufer zu sein. Einer Chronik Herzog Friedrichs I.

Schwäbisch Gmünd – die erste Staufergründung

von Schwaben ist zu entnehmen, daß er die befestigte Siedlung nahe seiner Stammburg aus wirtschaftlichen Gründen zu Beginn des 12. Jahrhunderts anlegen ließ. Den ersten Mauerring erhielt Gmünd schon vor 1250. Er umfaßte ovalförmig den Stadtkern und ist heute noch in bestimmten Straßenzügen zu erkennen. Ungefähr 100 Jahre später wurde die Siedlung mit einem zweiten Mauerring umgeben, um die Vorstädte zu schützen, die nach der Stauferzeit entstanden waren. Schon bald nach der Gründung muß die Stadt zu großer Blüte und Reichtum gelangt sein, denn sie zahlte doppelt so viel Reichssteuer wie Ulm an der Donau, das gewiß nicht unbedeutend und arm war.

Manchmal wird behauptet, erst in der Zeit der Renaissance seien Städte nach einem genau vorgezeichneten Plan gebaut worden; alte Lagepläne von Stauferstädten beweisen, daß es schon damals ein bestimmtes Schema gab. Schwäbisch Gmünd ist in seiner Anlage typisch für diese Städte: Ein langer Straßenmarkt ist die Achse, die von Tor zu Tor führt, und vom Markt zweigen die Straßen rippenförmig ab. Heute kann man zwar in Schwäbisch Gmünd den südlichen Teil des Marktes nicht mehr sehen, aber man konnte ihn aus alten Lageplänen rekonstruieren. Die Keimzelle der staufischen Siedlung vermutet man im Bereich des Münsterplatzes.

Juwel romanischer Baukunst Leider ist von den Bauten aus staufischer Zeit nur die Johanniskirche übriggeblieben; doch was heißt „leider": diese spätromanische Pfeilerbasilika, erbaut 1220 bis 1250, ist ein großartiges Beispiel mittelalterlicher Baukunst. Ihre Besichtigung sei jedem Besucher Schwäbisch Gmünds ans Herz gelegt. Wunderbar ist der reiche plastische Schmuck im Innenraum, meist symbolhafte Tiere. Eine Madonna mit dem Jesuskind, ein fast zwei Meter hohes Relief mit einer Kreuzigungsgruppe und viele andere Werke großer Meister fesseln den Blick. Die ganze Kirche ist ein unschätzbares Zeugnis aus einer Zeit, in der die größten Künstler nicht des eigenen Ruhmes wegen tätig waren, sondern Gott dienten, indem sie den zu jener Zeit meist des Lesens unkundigen Menschen das biblische Geschehen augenscheinlich vermittelten. Einzigartig ist der zur Gänze noch aus der Stauferzeit erhaltene Turm. Fachleute stellen die Gmünder Kirche mit den Kirchen in Göppingen-Faurndau, in Brenz und mit der Walterichskapelle in Murrhardt gleich, die in ihrer Schlichtheit zu den erhabensten Schöpfungen spätromanischer Baukunst gehören. Und wieviele Menschen gehen und fahren an diesen Kirchen ahnungslos vorbei! Die Kirche in Faurndau diente als Vorbild bei der „Reromanisierung" der Basilika in Schwäbisch Gmünd. Letztere war in ihrer Innenausstattung in der Zeit der Gotik und des Barock zum Teil dem jeweiligen Kunstgeschmack angeglichen worden, und man gab ihr in den Jahren 1869 bis 1880, soweit es möglich war, ihr ursprüngliches romanisches Aussehen zurück.

Die Sage vom verlorenen Ring Mit der Basilika verbindet sich eine schöne Sage: Herzogin Agnes von Hohenstaufen, Tochter Kaiser Heinrichs IV., war die Gattin jenes Friedrichs I. von Schwaben, der die Burg Hohenstaufen errichten ließ. Als sie eines Tages ihren Ehering verloren hatte und sehr unglücklich darüber war, gelobte sie, an der Stelle, an der sie den Ring wiederfinden würde, eine Kapelle zu stiften. Sie fand den Ring und ließ an der Fundstelle eine Kapelle bauen – die Vorgängerin der St. Johanniskirche. Tatsächlich wurde im 19. Jahrhundert eine Kirche nachgewiesen, die noch älter als die Basilika sein dürfte; man entdeckte nämlich an der Westseite von St. Johannis einen Taufstein, der aus frühromanischer Zeit stammt.

Der Marktplatz in Schwäbisch Gmünd mit der spätromanischen Johanniskirche, die nach mehreren Umbauten heute wohl wieder ihre ursprüngliche Gestalt hat.

Berühmte Künstler und Baumeister Wenn Kunst- und Kulturbeflissene die Namen der Baumeister Parler hören, denken sie vermutlich sofort an den Veitsdom in der einst so goldenen Stadt Prag; und bei Hans Baldung – genannt Grien – Jörg Ratgeb, Johann Michael Maucher, Veit Warbeck und anderen berühmten Künstlern kommen ihnen die schönsten Kirchen in vielen Orten in den Sinn. Schwäbisch Gmünd wird bis heute in seinem vom Bombenhagel verschont gebliebenen Stadtbild von diesen Künstlern geprägt. Als wichtigste seien nur Heinrich und Peter Parler, Dominikus Zimmermann und als Fresken-maler Joseph Wannenmacher und Johann Anwander genannt. Die romanische und gotische Baukunst sind ebenso wie das Barock und Rokoko in imposan-ten Kirchenbauten, weitläufigen Klosteranlagen und einer großen Zahl statt-licher Bürgerhäuser gegenwärtig. Vor allem das Barock hat der Stadt unver-wechselbare Züge gegeben. Vorarlberger Baumeister schufen im Gmünder Raum die ersten Kirchen im barocken Geist. Die Grafen von Rechberg gaben 1686 an Valerian Brenner den Auftrag zum Bau der herrlichen Wallfahrtskir-che auf dem Rechberg, deren Stuckarbeiten von seinem Bruder Prosper aus-geführt wurden. Mit Frater Eusebius Moosbrugger, der Kloster und Kirche der Franziskaner umgestaltete, und Dominikus Zimmermann, der das Konvents-gebäude der Dominikaner, den Prediger, neu ausführte und in der Franziska-nerkirche den Hochaltar schuf, wird die illustre Reihe fortgesetzt.

Das Heilig-Kreuz-Münster (1315 begonnen) zeugt von der Kunst der Familie Parler. Der Parlerchor im Münster, 1351 bis 1409 ausgeführt, gilt als wegwei-sender Schöpfungsbau der deutschen Spätgotik. „Die Parler" waren die un-umstrittene und führende Baumeister- und Steinmetzensippe ihrer Zeit. Sie brachten den Namen Schwäbisch Gmünd in die Welt. Als Kaiser Karl IV. Heinrich Parlers (des Älteren) Sohn nach Prag berief, nannte sich dieser Sohn „Peter von Gmünd"; sein Bruder wurde ab 1359 beim Münsterbau in Basel und Freiburg tätig und hieß Johann von Gmünd. Wer großartige Orgelprospekte bewundert, zum Beispiel in Salzburg und Bayern, sollte unbedingt den elf Meter hohen Prospekt der Orgel im Heilig-Kreuz-Münster ansehen. Er ist ein einziges Gewoge von Gesimsstücken, musizierenden Engeln, Pfeifen und Laubwerk mit Früchten. Der Gmünder Plastiker und Schnitzer Johann Michael Maucher (1645–1701) hat neben diesem Kunstwerk auch die Empo-re samt den gigantischen, 1,90 Meter hohen Atlanten geschaffen.

Die Franziskanerkirche aus dem 13. Jahrhundert besitzt einen Baldachin-Altar, eines der ganz wenigen Objekte dieser Art in ganz Deutschland; die Johannis-kirche aus dem 13.Jahrhundert, das Spital zum Heiligen Geist, die Leonhards-kapelle, das Rathaus, die Fuggerei, die Klöster und Bürgerhäuser: Die Liste der Sehenswürdigkeiten ist sehr lang. Schwäbisch Gmünd ist übrigens nicht nur die erste urkundlich bezeugte Stauferstadt in Südwestdeutschland, die Nieder-

*Mit dem Heilig-Kreuz-Münster –
der größten und eine der ältesten
Hallenkirchen Süddeutschlands –
haben die Baumeister Heinrich und
Johann Parler ein Meisterwerk
geschaffen.*

lassung des Franziskanerordens ist eines der ältesten Klöster dieses Ordens auf deutschem Boden.

Im 15. und 16. Jahrhundert waren die Gmünder Sensenschmiede weithin berühmt, und aus Gmünd kamen in dieser Zeit die Maler Jörg Ratgeb (gest. 1526) und Hans Baldung, genannt Grien (gest. 1545). 1739 wurden bereits 250 Gold- und Silberschmiedemeister in Gmünd erwähnt. Ihre Erzeugnisse waren in ganz Europa hochgeschätzt. 50 Jahre später wanderten viele wegen der Zollpolitik Kaiser Josephs II. aus, hauptsächlich nach Prag und Wien, wo sie den Zollbeschränkungen nicht unterlagen.

Fest der europäischen Kirchenmusik Da in Schwäbisch Gmünd Geschichte und Kunstgeschichte an historischen Bauwerken so deutlich ablesbar sind, ist erklärlich, daß diese Stadt nicht von ungefähr eine sehr alte kirchenmusikalische Tradition hat. 1982 wurde das (urkundlich nachweisbare) Jubiläum „500 Jahre Musik im Heilig-Kreuz-Münster" gefeiert. 1989 wurde mit einer neuen festlichen Sommer-Veranstaltungsreihe begonnen, wie sie in Europa bisher nicht besteht. Sie heißt „Europäische Kirchenmusik Schwäbisch Gmünd" und sieht jeweils rund 30 Veranstaltungen mit europäischen Spitzenensembles aus Ost und West vor. Die Konzertreihe ist in Zusammenarbeit der Stadt Schwäbisch Gmünd mit ihren Kirchengemeinden und dem Süddeutschen Rundfunk zustande gekommen. Zum Beispiel stehen Orgelkonzerte, Vokalensembles, große Chor- und Orchesteraufführungen sowie Orgelwettbewerbe für junge Organisten im Programm, ebenso Sonderausstellungen.

In unseren Tagen mit ihren lauten Vergnügungen geraten die leisen Freuden leicht in Vergessenheit. Früher war es in der Frühlingszeit bei den Stuttgartern üblich, zur Baumblüte ins Remstal, in die Berglen oder in den Schurwald hinaus zu wandern, dort irgendwo eine Kaffee- oder Vesperpause einzulegen und sich an der Blütenpracht und dem Jubilieren der Vögel zu ergötzen. Wo Obst und Wein wächst, ist es in der Regel

Das sangesfreudige Remstal

gut sein. Jede Landschaft prägt ihre Menschen. Das Remstal mit dem beschwingten Auf und Ab der Hügel und Täler und den schönen Fachwerkhäusern vermittelt ein Gefühl der heimeligen Geborgenheit, und wenn man der Einladung eines jener alten Wirtshausschilder folgt, die noch aus einer Zeit stammen, als sich die Menschen mehr Muße gönnten als wir, nimmt man sich spontan vor, öfter wiederzukehren.

Brotwasser und der Pfeffer von Stetten Statten wir zunächst dem idyllischen Weindorf Stetten einen Besuch ab. Das „Stettener Brotwasser" ist einer der besten schwäbischen Weine. Man sagt, er habe seinen Namen von einem Schloßfräulein von Stetten, das ihn besonders gern und etwas zu reichlich getrunken habe. Um wegen dieser Leidenschaft nicht gescholten zu werden, habe das edle Fräulein den Wein aus einer Tasse getrunken, und wenn es gefragt worden sei, was es trinke, habe es unschuldsvoll geantwortet: „Brotwasser". Brotwasser nannte man damals einen Hustentrank, der aus heißem Wasser, Zucker und Brotrinden zubereitet wurde.

Stetten scheint überhaupt ein Ort gewesen zu sein, wo Schlagfertigkeit und Witz gediehen; denn der berühmteste schwäbische Schalk war zweifellos aus Stetten. Er hieß David Pfeffer und wurde am 11. Januar 1769 als Sohn eines Sargschreiners geboren. Er starb am 28. Februar 1842 – aber nicht als seriöser Handwerksmeister, wie es sein Vater gewünscht hätte, sondern als Fiedler auf Jahrmärkten, Hochzeiten, Kindstaufen und was dieser Anlässe mehr sind, bei denen ein lustiger Musikant aufspielen soll. Um die 73 Erdenjahre dieses schwäbischen Münchhausen ranken sich so viele Anekdoten und Histörchen, daß sie Bände füllen. Leider geraten diese Geschichten immer mehr in Vergessenheit. Ein Onkel im Remstal, zu dem wir früher oft kamen, begann bei einem Gläschen Wein häufig zu erzählen: „Dr Pfeffer von Stette hot amol ..."

Wer kennt heute noch die Anekdote vom Finderlohn, den sich der Pfeffer von Herzog Carl Eugen ausbedungen hat? Der Remstäler Schalk hatte eine kostbare Perlenkette gefunden, die Franziska von Hohenheim verloren hatte, ein Geschenk des Herzogs. Carl Eugen sicherte jedem, der die Kette finden würde, freien Eintritt ins Schloß und eine stattliche Belohnung zu. Der Pfeffer, der damals beim Militär war und bisweilen im neuen Schloß Wache stand,

Der Blick durch die Reben auf Schnait ist typisch für das Remstal: Dem Besucher wird mit Weinbergen, Obstgärten und idyllischen Orten eine Bilderbuchlandschaft geboten.

fand das Collier und wollte es abgeben. Doch er konnte sich den Zutritt zum Herzog erst verschaffen, nachdem er dem Hauptmann der Schloßwache, dem Lakaien und dem Hofmarschall je ein Drittel des Finderlohns versprochen hatte. Als er endlich vor Carl Eugen stand und gefragt wurde, was er sich als Finderlohn erbitte, antwortete der Pfeffer: „75 Stockhiebe!" Der Herzog kannte den schlauen Schelm und merkte sofort, daß da etwas dahinter stecken müsse. Er amüsierte sich köstlich darüber, wie es der Pfeffer verstanden hatte, den Bestechlichen gegenüber sein Wort zu halten und ihnen trotzdem die gebührende Lektion zu erteilen. Natürlich fiel der Finderlohn für Pfeffer fürstlich aus.

Im Remstal und auf den Höhen, die es umschließen, gibt es so viele reizende Orte, daß man nicht weiß, wo man anfangen und aufhören soll. Ob es nun Aichelberg oben auf dem Schurwald ist, zu dessen Füßen sich die Rebhänge sonnen, ob Engelberg, Winterbach, Großheppach, Hartmannsweiler, Buoch oder Bürg, Hanweiler oder Breuningsweiler, das wegen seiner ausgedehnten Erdbeerkulturen auch Brestlingsweiler genannt wird. Ich nenne absichtlich die alten Namen, denn sie sollten trotz der Namensreformen weiterleben.

Schorndorf mit seinen schönen Fachwerkhäusern am malerischen Marktplatz ist ebenfalls ein lohnendes Frühlingsziel. Als Gottlieb Daimler dort 1834 das Licht der Welt erblickte, war ein anderer großer Sohn des Remstals, dessen Geburtsort Schnait (heute Weinstadt) nur wenige Kilometer entfernt ist, schon 45 Jahre alt. Sein Metier war nicht das aufbrechende Zeitalter der Technik, sondern er hatte sich der Muse Musik verschrieben und schenkte der Welt eine Fülle ihrer schönsten Volkslieder: Friedrich Silcher. Er wurde am 27. Juni 1789 als Sohn des Schulmeisters in Schnait geboren und sollte wie sein Vater (und nach dessen Tod sein Stiefvater) Lehrer werden. Der kleine Friedrich kam 1803 zu dem tüchtigen Schulmeister Mayerlen nach Geradstetten in die Lehre – als Schulknecht, wie es damals hieß, und diese Bezeichnung hatte durchaus nichts Abwertendes. Bis 1806 blieb Friedrich Silcher in Geradstetten, und schon in dieser Zeit nahm er Musikunterricht. Die Musik prägte später sein ganzes Leben.

Schnait und das Volkslied In Schnait hat der Schwäbische Sängerbund das alte Schulhaus, in dem Friedrich Silcher geboren wurde, als Museum eingerichtet, und dort kann man den größten Komponisten deutscher Volkslieder auf eine so schöne, eindrucksvolle Weise kennenlernen wie sonst nirgends. Von den vielen Liedersammlungen Silchers, der bis zu seinem Tod Musikdirektor an der Universität Tübingen war, ist vor allem die „Sammlung deutscher Volkslieder, für vier Männerstimmen gesetzt", zu nennen. Unter den 144 Liedern dieser Sammlung befinden sich auch die Melodien, die wohl am meisten bekannt sind: „Morgen muß ich fort von hier", „Zu Straßburg auf der Schanz", „Ännchen von Tharau", „Muß i denn, muß i denn zum Städtele hinaus", „Das Lieben bringt groß Freud", die Vertonung des Heine-Gedichts von der Loreley „Ich weiß nicht, was soll es bedeuten" – alle diese besinnlichen oder heiteren Lieder und das ganze Schaffen Silchers begegnen dem Besucher des Museums, über Tonband kann man die Lieder auch hören. Seit 1972 befindet sich außer der Silchergedenkstätte auch eine Chormusikabteilung des Deutschen Sängerbundes im Haus, das von Mitte Februar bis Mitte November geöffnet ist.

Wenn man dann die alte Schulmeisterwohnung mit ihren Möbeln aus jener Zeit betritt, spürt man die gemütliche Atmosphäre des Biedermeier so lebendig, daß alle Hektik von einem abfällt. Auch Silchers Lieblingsklavier steht dort, ein etwa um 1817 gebautes Hammerklavier, dessen feiner, harfenhafter Klang die innigen Silcherweisen erst richtig zum Klingen bringt. Die heitere Gelassenheit dieser Idylle teilt sich dem Betrachter auf wundersame Art mit und macht ihn empfänglich für all das Schöne, das ihn draußen erwartet, wenn er das Museum hinter sich läßt und durch die Felder und Wiesen streift.

Die Schönheit des Schwarzwaldes, der Schwäbischen Alb, des Neckar- und Donautals und des Bodenseegebiets ist seit langer Zeit weithin bekannt und wird in ungezählten Liedern und Dichtungen gerühmt; dagegen wurde der

Der idyllische Schwäbische Wald

Reiz des stillen Schwäbischen Waldes mit seinen tief eingeschnittenen Klingen und engen Tälern erst in den letzten Jahren von naturverbundenen Menschen als Urlaubsgebiet mit eigenständigem Charakter allmählich zur Kenntnis genommen – obwohl es doch nur wenige Kilometer von der Landeshauptstadt entfernt liegt. Auf Massentourismus ist man dort bewußt nicht eingestellt, man will vielmehr die friedliche Atmosphäre bewahren. Dabei braucht der Gast keine Angst vor Langeweile zu haben. Einzelgänger, die auf stundenlangen Wanderungen von Weiler zu Weiler und von einem einsamen Hof mit schnatternden Gänsen und gackernden Hühnern zum anderen Gehöft mit ihren Gedanken allein sein wollen, kommen dort ebenso zu ihrem Genuß wie Familien mit Kindern. Der Hägerwald-, der Ebni- und der Aichstrutsee laden Angler und Bootsfahrer ein, und wer zwischendurch ein wenig Stadtluft schnuppern möchte, braucht nur nach Welzheim oder Murrhardt zu wandern.

Für Kunstkenner hat Murrhardt sogar einen ganz besonderen Genuß zu bieten: die Walterichskapelle, ein Kleinod romanischer Baukunst, das unter den Werken aus dieser Stilepoche einen besonderen Platz einnimmt. Murrhardt, das idyllisch in die grüne Waldlandschaft eingebettet ist, war ein Lieblingsaufenthaltsort der Maler Reinhold Nägele und Heinrich Johann von Zügel. Reinhold Nägele, der 1884 in Murrhardt geboren wurde, war Mitbegründer der Stuttgarter Sezession und zählt zu den bedeutendsten schwäbischen Malern dieses Jahrhunderts. Er starb nach der Rückkehr aus der Emigration, in die er wegen seiner jüdischen Frau gegangen war, im Jahre 1971 in Stuttgart. Heinrich Johann von Zügel, 1850 ebenfalls in Murrhardt geboren und 1941 in München gestorben, war einer der größten Tiermaler. Seine Bilder sind – ebenso wie Werke Reinhold Nägeles – im Besitz vieler in- und ausländischer Museen.

Wo es Maler hinzieht, verbringen auch andere Leute gerne ihre Ferien. Vor allem vor dem Zweiten Weltkrieg gehörte Murrhardt zu den Lieblingszielen schwäbischer Familien. Später wurde es – wie so manche liebgewordene Sommerfrische in der Heimat – von den Verlockungen der immer weiter entfernten Reiseziele etwas in den Schatten gestellt; aber wer weiß, vielleicht schlägt das Pendel bald nach der anderen Seite aus und die Weltenbummler nehmen sich Goethes eingangs zitierte Worte zu Herzen. Das nahe Glück könnte, zum Beispiel, in einem Landkreis nahe bei Stuttgart liegen, der insgesamt zum Naturpark erklärt worden ist.

Im Naturpark Schwäbisch-Fränkischer Wald ist auf dem Mühlenwanderweg auch die Meuschenmühle zu bewundern.

Ein Naturpark voller Mühlen Etwa vor 20 Jahren wurde der größtenteils im Rems-Murr-Kreis gelegene Schwäbische Wald als Naturpark ausgewiesen. Er hat eine Gesamtfläche von rund 900 Quadratkilometern, von denen mehr als die Hälfte mit Wald bedeckt ist. Der herrliche Mischwald mit seinen Tannen, Buchen und Fichten und den vielen lauschigen Plätzchen wurde von der Landesforstverwaltung Baden-Württemberg und den 37 Mitgliedsgemeinden mit vielseitigen Erholungseinrichtungen ausgestattet, zum Beispiel mit Wanderparkplätzen, Grillstellen und einem ausgedehnten, überaus abwechslungsreichen Wanderwegenetz. Man kann immer wieder neue Strecken entdecken. Der Hagberg bei Gschwend ist mit 586 Metern ü. M. die höchste Erhebung im Schwäbischen Wald. Vom Hagbergturm aus, der dem Schwäbischen Albverein zu verdanken ist, genießt man eine wunderschöne Aussicht auf das weite, schöne Land mit seinen bewegten Linien bis zu fernen Horizonten.

Der Mühlenwanderweg Erst vor etwa 25 Jahren wurde man sich wieder der Bedeutung der zahlreichen Mahl- und Sägemühlen im Bereich des Welzheimer Waldes bewußt (der ein Teilgebiet des Schwäbischen Waldes ist). Früher waren Mühlen neben dem Dorfplatz samt dem meist dazugehörigen Brunnen und die Kirche der Mittelpunkt dörflichen Lebens. Das erkennt man schon an der Vielzahl von Volksliedern, in denen der Müller, die Müllerin und ihre Mühlen besungen werden. Die Zahl der Mühlen im Schwäbischen Wald ist einzigartig in ganz Baden-Württemberg. Im engeren Bereich um Welzheim drehten einst 26 Mühlen ihre Wasserräder. Nach einer Gewerbeübersicht des Oberamts Welzheim von 1841 waren damals sogar 32 Mahlmühlen, 10 Ölmühlen, 38 Sägemühlen und zwei Lohmühlen in Betrieb.

Um das Jahr 1980 wurden einige der schönsten Mühlen im Welzheimer Wald durch einen Mühlenwanderweg erschlossen. 32 Kilometer weit führt die Markierung mit einem Mühlensymbol den Wanderer durch eine besonders schöne und überaus romantische Gegend des Waldes. Man braucht natürlich nicht den ganzen Weg zu gehen, auch Rundstrecken von zehn und zwölf Kilometern wurden ausgeschildert.

Schon 1365 wird beispielsweise die Menzlesmühle genannt. 1721 ist sie abgebrannt, sie wurde aber wieder aufgebaut. Das als Mahl- und Sägemühle betriebene stattliche Anwesen hatte einst vier Mühlräder. Eine andere viel bestaunte Mühle, die Meuschenmühle im Tal des Eisenbachs, wurde sogar schon im Jahre 1271 erstmals urkundlich erwähnt. Sie ist über Rienharz zu erreichen. Ihr besonderer Stolz ist, daß sie eine vollständig erhaltene Mahlanlage und das größte Mühlrad im ganzen Schwäbischen Wald besitzt. Das Rad hat einen Durchmesser von sieben Metern, 60 Wasserschaufeln und eine Leistung von 9 PS. Im Jahre 1978 wurde es vom Rems-Murr-Kreis mit großem finanziellen Aufwand restauriert.

Die Welzheimer Ostfriesen Alle Mühlen im Welzheimer Wald liegen im früheren „Nibelgau". Was es mit diesem Wort für eine Bewandtnis hat, ist noch nicht ganz geklärt. Dr. Gustav Brude führt den Namen in einem Beitrag für die „Blätter des Welzheimer Waldvereins" darauf zurück, daß zwischen den Jahren 750 und 800 unter Pippin III. und Karl dem Großen Teile des Welzheimer Waldes von niedersächsischen und friesischen Pferdebauern besiedelt wurden, die die Aufgabe hatten, für den Kriegsfall Pferde zu züchten. Diese Bauern, die in Gruppen angesiedelt wurden, sprachen natürlich ihren Dialekt, zum Beispiel sagten sie „Vogge" für Stute – ein Wort, das sich in der Gegend bis heute in Flur- und Ortsnamen erhalten hat. Und „Nibel" ist die friesische Bezeichnung für Wohnort.

Man könnte noch viel über die Mühlen im Schwäbischen Wald erzählen; erwähnt muß noch werden, daß der Dichter Justinus Kerner drei Jahre lang in der Klingenmühle gewohnt hat, von 1812 bis 1815. In dieser Zeit entstand sein wunderschönes Gedicht „Der Wanderer in der Sägemühle".

Der Wanderer in der Sägemühle

Dort unten in der Mühle
saß ich in süßer Ruh´
und sah dem Räderspiele
und sah den Wassern zu.

Sah zu der blanken Säge,
es war mir wie ein Traum,
die bahnte lange Wege
in einen Tannenbaum.

Die Tanne war wie lebend,
in Trauermelodie,
durch alle Fasern bebend,
sang diese Worte sie:

Du kehrst zur rechten Stunde,
o Wanderer, hier ein,
du bist's, für den die Wunde
mir dringt ins Herz hinein.

Du bist's, für den wird werden,
wenn kurz gewandert du,
dies Holz im Schoß der Erden
ein Schrein zur langen Ruh.

Vier Bretter sah ich fallen,
mir war's ums Herze schwer,
ein Wörtlein wollt' ich lallen,
da ging das Rad nicht mehr.

Justinus Kerner

Der Limeswanderweg Was für Romantiker der Mühlenwanderweg, das ist für geschichtsbewußte Naturfreunde der Limeswanderweg. Der Limes, jene Grenze mit Erdwall, Graben und Palisadenzaun, erinnert daran, wie weit die Römer vor rund 2000 Jahren hierzulande ihre Herrschaft ausgedehnt hatten. In vielen Ortsnamen, zum Beispiel Grab (Graben), Pfahlbronn usw. lebt der Limes bis heute im Schwäbischen Wald fort. 550 Kilometer lang war der Obergermanisch-Rätische Limes, der sich von Walldürn im Fränkischen schnurgerade durch die Landschaft zog. In Pfahlbronn bog er in östliche Richtung ab und führte weiter in Richtung Regensburg. Im Rems-Murr-Kreis erstreckte er sich auf zirka 35 Kilometer Länge von Grab bis Pfahlbronn. Insgesamt 67 Wachtposten und die bedeutenden Kastelle Murrhardt und Welzheim lagen auf diesem Abschnitt.

Es war also sehr sinnvoll, die Strecke des Limes durch einen Wanderweg zu erschließen. Anmutige Orte laden unterwegs zum Vespern und Verweilen ein, Grill- und Spielplätze wurden eingerichtet, damit auch Familien mit Kindern Spaß haben. Spaß haben Kinder und Jugendliche allerdings nicht nur beim Grillen; sie spüren mit großem Vergnügen in den Wäldern die überwachsenen Erdwälle auf und begutachten originalgetreue Nachbauten der Wacht- und Meldestationen sowie die archäologischen Funde in Welzheim. Langweilig wird es weder Kindern noch Erwachsenen auf der Wanderung in die römische Vergangenheit.

Sichtbare römische Vergangenheit Besonders eindrucksvoll ist es, das römische Ostkastell bei Welzheim zu besichtigen; es wurde mit finanziellen Mitteln der Gemeinde Welzheim, des Landkreises Rems-Murr und des Landesdenkmalamtes Baden-Württemberg restauriert beziehungsweise rekonstruiert. Eine Besichtigung von Welzheim sollte unbedingt das Museum einschließen. Die Stadt war ein sehr wichtiger Kastellort am Ende des langen, geradlinigen Limesverlaufs zwischen dem freien Germanien und dem Römischen Reich. Die Strecke von Walldürn endet beim Haghof bei Welzheim. Schon Ende des 19. Jahrhunderts wurden bei archäologischen Grabungen zunächst das Ostkastell, dann das große Westkastell entdeckt. Die Innenfläche des Westkastells betrug 4,3 Hektar. Bei einem so großen und wichtigen Militärstützpunkt entstand natürlich auch eine Zivilsiedlung mit Handwerkern und anderen Bewohnern. Von ihnen und ihren Familien zeugen die interessantesten Funde, die 1978/79 gemacht wurden. Eine Sensation war der Fund römischer Lederschuhe für Kinder und Erwachsene sowie eine Holzsandale, die aus einem Brunnen geborgen wurden. Was ihre Form anbelangt, wären sie auch heute der Stolz eines Schuhmachermeisters. Außerdem wurden in dem schmierigen Brunnenschlamm Samen und Früchte entdeckt, die von Frau Dr. Körber-

Grohne, Professorin für Vorgeschichtsbotanik an der Universität Hohenheim, untersucht wurden. Pflaumen, Zwetschgen, Äpfel, Schlehen, Himbeeren, Brombeeren, Hasel- und Walnüsse, Feigen und anderes Obst standen demnach auf dem Speisezettel der Welzheimer Römer; auch Erbsen, Linsen, Bohnen, Feldsalat, Sauerampfer und vieles mehr, das auch wir heute gerne essen. Wunderschön sind die formvollendeten Gefäße aus Terra Sigillata oder einfachem Ton, die in einem Keller gefunden wurden. 1979 wurde ein römischer Friedhof mit Krügen, Öllampen, Glasgefäßen und anderen Beigaben entdeckt. Als die Alamannen um 259/260 den Limes überrannten, endete die römische Zeit Welzheims, doch die Geschichte der Stadt war auch später sehr interessant, von den Staufern über den Bauernkrieg bis zum Jahr 1713, als sie an Württemberg kam.

Die Favoritin des Herzogs Bis 1713 war Welzheim württembergisches Lehen der Schenken von Limpurg gewesen. Als der letzte männliche Limpurger starb, fiel es an Württemberg zurück, und Herzog Eberhard Ludwig schenkte die Herrschaft Welzheim seiner Mätresse Gräfin Würben, geborene von Grävenitz. Wer mit der württembergischen Landesgeschichte halbwegs vertraut ist, weiß, daß sie 18 Jahre später des Landes verwiesen wurde – zwar mit Schimpf und Schande, doch auch mit viel Geld: Sie ließ sich nämlich ihre nun nicht mehr erwünschte Favoritinnenrolle beim Abschied mit 200 000 Gulden bezahlen. Wenn ich recht unterrichtet bin, wären das heute rund 40 Millionen Mark. Landeshistoriker behaupten, die Grävenitz habe in Welzheim so klug gewirtschaftet, daß trotz der fürstlichen Abfindung immer noch ein beträchtlicher Gewinn für Württemberg herausgeschaut habe – nicht nur, weil das Volk nun keinen Grund zum Murren mehr hatte, sondern auch in finanzieller Hinsicht.

Welzheim, diese beschauliche Stadt im Schwäbischen beziehungsweise Welzheimer Wald, kann überhaupt mit so mancher Besonderheit aufwarten, zum Beispiel mit einer außerordentlich klaren Luft. So lautet das Urteil der Astronomen, der Wissenschaftler, die sich der Stern- und Himmelsforschung verschrieben haben; sie bezeugen, daß man von der Sternwarte in Welzheim aus die Himmelskörper am besten sehen und beobachten könne. In Welzheim befindet sich eine Außenstelle des Stuttgarter Planetariums.

Bevor wir uns nun der Landeshauptstadt Stuttgart zuwenden, soll noch in einem kurzen Exkurs von den Ursprüngen unseres Landes berichtet werden. Daß das Bundesland im Südwesten Deutschlands Baden-Württemberg heißt,

Die Entstehung des Landes Baden-Württemberg

ist für jedermann eine Selbstverständlichkeit, vor allem für die jüngeren Generationen. Den wenigsten ist bewußt, daß es bis 1951 ein solches Land gar nicht gab: Erst im Dezember des genannten Jahres entstand es nach einer Volksabstimmung, die aufgrund des „Bundesgesetzes über die Neugliederung im Südwesten" durchgeführt wurde. Das Abstimmungsgebiet war in vier Bezirke eingeteilt: Nordwürttemberg, Nordbaden, Südwürttemberg-Hohenzollern und Süd-Baden. Es ging darum, ob die zwei alten Länder Baden und Württemberg wieder erstehen sollten oder von der Mehrheit der Bevölkerung ein gemeinsames Land gewünscht werde. Die Volksabstimmung ergab nur eine knappe Mehrheit für den neuen Staat, denn im damaligen Südbaden stieß die beabsichtigte Neugliederung auf heftigen Widerstand. Doch über diese alten Geschichten ist längst Gras gewachsen. Ihre Eigen-Art, ihre typischen Charakterzüge sind glücklicherweise bei allen Stämmen, die im Land Baden-Württemberg vereinigt sind, erhalten geblieben. Und das macht einen Teil seines Reizes aus.

Es ist sicher für viele Leserinnen und Leser interessant, Näheres über dieses Kapitel deutscher Nachkriegsgeschichte zu erfahren, denn kaum jemand ahnt, welcher Geduld, welchen diplomatischen Geschicks und politischen Weitblicks es bedurfte, um die Schwierigkeiten zu überwinden, die sich damals einer Neuordnung der von den Siegermächten willkürlich gezogenen Grenzen entgegenstellten. Als am 25. April 1982 der dreißigste Geburtstag des Landes Baden-Württemberg gefeiert wurde, war Reinhold Maier (FDP), von Anfang an ein eifriger Verfechter des Südweststaates, bereits verstorben. Auch andere maßgebliche Politiker jener Zeit standen nicht mehr für Auskünfte zur Verfügung.

Doch in Gebhard Müller (CDU), der seit 1948 ein entschiedener Mitkämpfer Reinhold Maiers war, gab es noch einen Mann der ersten Stunde, der das Ringen um Baden-Württemberg aus eigener Erfahrung kannte. Ich schilderte in einem Beitrag für die „Stuttgarter Illustrierte" (Aprilausgabe 1982) am Beispiel dieser großen, integren Politikerpersönlichkeit den Zusammenschluß der drei Länder Württemberg-Baden, Württemberg-Hohenzollern und Baden (Südbaden) zu einem gemeinsamen Staat. Dr. Gebhard Müller, den ich damals vor Drucklegung um Überprüfung und eventuell nötige Korrektur der politischen Fakten bat, bestätigte mir die Richtigkeit meiner Ausführungen in allen Einzelheiten.

Besatzungszonen und neue Länder In der für Deutschland so folgenschweren Konferenz von Jalta im Februar 1945 hatten die Siegermächte Rußland, USA und England die Abtrennung Schlesiens, Pommerns, West- und Ostpreußens beschlossen. Das übrige Gebiet sollte ursprünglich in drei Besatzungszonen aufgeteilt werden. Doch General de Gaulle hatte erreicht, daß auch Frankreich eine eigene Besatzungszone erhielt, und ließ am 21. April 1945 Stuttgart besetzen. Da es entgegen den Vereinbarungen war, mußten die Franzosen die Stadt wieder räumen und zogen am 8. Juli 1945 ab, um zunächst in Freudenstadt, dann in Tübingen ihr Hauptquartier zu errichten.

Die amerikanische Militärregierung, die aus strategischen Gründen das Gebiet entlang der Autobahn Mannheim-Karlsruhe-Stuttgart-Ulm-München beanspruchte, schloß am 19. September 1945 die nördlichen Teile der früheren Länder Württemberg und Baden zum neuen Land Württemberg-Baden mit der Hauptstadt Stuttgart zusammen. Damit war nach übereinstimmender Meinung aller mit der Materie Vertrauten der erste Schritt in Richtung Südweststaat getan. Die Franzosen schufen aus den südlichen Teilen Badens das Land Baden mit der Hauptstadt Freiburg. Als zweites kleines Land entstand nach ihrem Willen Württemberg-Hohenzollern mit der Hauptstadt Tübingen. Staatspräsident in Baden war Leo Wohleb (CDU), in Württemberg-Hohenzollern wurde von den Franzosen Carlo Schmid (SPD) als Chef der deutschen Landesverwaltung eingesetzt. Sein Tübinger Nachfolger war Lorenz Bock und nach dessen Tod wurde Gebhard Müller (CDU) Staatspräsident von Württemberg-Hohenzollern.

Reinhold Maier war von Januar 1930 bis März 1933 Wirtschaftsminister im Kabinett Eugen Bolz (Zentrum) gewesen, des württembergischen Staatspräsidenten, der 1945 von den Nazis ermordet wurde. Während des Dritten Reiches war Reinhold Maier wieder Rechtsanwalt in Stuttgart. Seine Familie war getrennt, denn seine jüdische Frau war mit den Kindern nach England emigriert. Sein Wohnhaus und Anwaltsbüro in Stuttgart waren zerstört, und deshalb arbeitete er nach Kriegsende ehrenamtlich beim Landratsamt in Schwäbisch Gmünd. Am 7. August 1945 erschien dort eine Abordnung der amerikanischen Militärregierung und fragte ihn, ob er bereit sei, das Amt des Ministerpräsidenten von Württemberg-Baden zu übernehmen. Er sagte ja, und am 24. September 1945 wurde er vereidigt. Der Amtssitz der ersten Regierung waren vier Zimmer im ersten Stock des Hauses Olgastraße 7, unmittelbar neben der Militärregierung.

Die Anfänge des Südweststaates Südbaden umfaßte das Gebiet südlich von Rastatt, ein kleines, von Nordbaden völlig abgetrenntes Land, das sich jedoch unter seinem gewählten Regierungschef Leo Wohleb als Treuhänder ganz Badens betrachtete. Leo Wohleb hatte nur ein Ziel vor Augen: die Wiederherstellung des früheren Landes Baden.

Indessen hatte man im Südwesten längst andere Lösungen vor Augen, nämlich einen gemeinsamen Südweststaat, weil weitschauende Männer der Überzeugung waren, daß die Katastrophe des Krieges und die unvorstellbaren Nöte der Nachkriegsjahre nur durch einen wirtschaftlich starken Staat zu meistern sein würden. Man wollte zwischen den beiden großen Ländern Bayern und Nordrhein-Westfalen ein Land, das in schwierigen Zeiten weder vom Bund noch von anderen Bundesländern abhängig sein würde.

Der konsequenteste Verfechter des Zusammenschlusses zu einem gemeinsamen Südweststaat war Reinhold Maier (FDP), der sich jeder Lösung widersetzte, die eine Auflösung des Landes Württemberg-Baden bedeutet hätte. Gebhard Müller als Staatspräsident von Württemberg-Hohenzollern strebte zunächst – wie auch Carlo Schmid – das alte Land Württemberg an. Als er jedoch angesichts der entsetzlichen Not der beiden kleinen Länder sah, daß eine Besserung nur durch ein gemeinsames Land möglich sein werde, wurde er zu einem zähen Kämpfer für den Südweststaat.

Von der Not in Württemberg-Hohenzollern und in Baden (Südbaden) kann sich heute niemand eine Vorstellung machen, der sie nicht am eigenen Leibe verspürt hat. Frankreich hatte in vier Jahren deutscher Besatzung sehr gelitten und saugte nun seinerseits die süddeutschen Gebiete aus: Württemberg-Hohenzollern mußte außer der Besatzung (allein 30 000 Mann in Baden-Baden) noch die Saar, den französisch besetzten Sektor Berlins mit 800 000 Einwohnern, Rheinland-Pfalz und zeitweise auch Südbaden mit Lebensmitteln versorgen. Für die eigene Bevölkerung verblieben nur 600 Kalorien pro Person. (Zum Vergleich: Für die Gefängniskost in Baden-Württemberg sind heute 2 400 Kalorien vorgeschrieben.) Hinzu kam noch die Demontage der Fabriken und die Abholzung der Wälder. Eine Erlösung aus dem Elend konnte nach der Überzeugung Gebhard Müllers nur aus einem Zusammenschluß der süddeutschen Länder erwachsen.

Allmählich vollzog sich ein Wandel in der Politik der Amerikaner. Der radikale Morgenthau konnte sich nicht mehr durchsetzen und die Amerikaner machten – nicht zuletzt wegen der Besetzung der Tschechoslowakei durch Rußland hellhörig geworden – in den sogenannten Frankfurter Dokumenten vom 1. Juli 1948 den Deutschen das Angebot zur Vereinigung der drei westlichen Besatzungszonen zu einer Bundesrepublik Deutschland. Auch Frankreich war einverstanden. Dabei wurden die deutschen Ministerpräsidenten von den Militärgouverneuren ersucht, die Grenzen der bestehenden Länder zu überprüfen und unter Berücksichtigung des historisch gewachsenen Föderalismus gegebenenfalls neu festzulegen.

Die Rolle Gebhard Müllers Das war die große Chance für den Südweststaat. Gebhard Müllers staatsmännischem Geschick, gepaart mit seiner noblen, geradlinigen menschlichen Haltung und seiner wahrhaft demokratischen Gesinnung ist es entscheidend mitzuverdanken, daß diese Gunst der Stunde genützt wurde, und zwar durch seinen auch für die Gegner des Südweststaates erkennbaren Willen, ihnen bei der beabsichtigten Volksabstimmung eine faire Chance zu geben.

Er war der Überzeugung, daß man den Anhängern der beiden alten Länder eine echte Alternative bei der Abstimmung geben und ihren Willen respektieren müsse, falls sich eine Mehrheit dafür ergeben sollte. Er wollte diesen strittigen Punkt unbedingt ausräumen, weil er befürchtete, daß sonst die Sache überhaupt nicht mehr zustande kommen würde. Wie recht er mit seinen Befürchtungen hatte, beweist die Tatsache, daß unser Land bis heute der einzige Fall einer Neugliederung in der Bundesrepublik Deutschland geblieben ist.

Zum Nationalsozialismus stand Gebhard Müller wie sein Freund Bolz immer in Opposition, und es ist bezeichnend für seine Bescheidenheit, daß er nach 1945 kein Aufhebens davon gemacht hat. Aber es muß erwähnt werden, weil heute viele Leute der Jugend weismachen wollen, daß vor 1945 jeder Deutsche ein verbohrter Nationalsozialist gewesen sei. Gebhard Müller hat immer wieder darauf hingewiesen, daß die NSDAP bei den Wahlen im März 1933 in Württemberg keine Mehrheit hatte.

Nachdem sich der damalige Wachtmeister Dr. Gebhard Müller bei Kriegsende in einem dreiwöchigen Fußmarsch zu seiner Frau nach Göppingen durchgeschlagen hatte, wurde er im Juni 1945 nach Stuttgart ins Justizministerium beordert, um in Ludwigsburg in einer Kommission mitzuwirken. Zu Fuß ging er von Göppingen nach Ludwigsburg – öffentliche Verkehrsmittel gab es ja nicht – und dann täglich je drei Stunden zu Fuß von Ludwigsburg nach Stuttgart und zurück, solange er der Kommission angehörte.

Zu Fuß ist er später als Staatspräsident von Württemberg-Hohenzollern zwar nicht nach Tübingen gegangen, aber er ist nie mit der Bahn erster Klasse gefahren, um als Politiker ein Beispiel für Sparsamkeit zu geben.

Die Geburt Baden-Württembergs Da die Westmächte im Juli 1948 den deutschen Ministerpräsidenten für die Neugliederung der Länder nur zwei Monate Zeit gaben, tat große Eile not. Die Ermächtigung zur Neugliederung lag nämlich nur so lange bei den deutschen Ländervertretungen, bis das Grundgesetz der Bundesrepublik Deutschland in Kraft trat, und im Grundgesetz sicherten sich die Siegermächte ein Mitspracherecht.

Um die Frist ja nicht verstreichen zu lassen, erarbeitete Gebhard Müller im Einvernehmen mit Reinhold Maier zusammen mit Professor Theodor Eschenburg aus Tübingen in einer einzigen Nacht nur wenige Tage vor Verabschiedung des Grundgesetzes einen Artikel (118), der die Neugliederung der Länder Baden, Württemberg-Baden und Württemberg-Hohenzollern durch Vereinbarung der beteiligten Länder vorsah. „Kommt eine Vereinbarung nicht zustande, so wird die Neugliederung durch Bundesgesetz geregelt, das eine Volksbefragung vorsehen muß." Per Telegramm ging dieser Text nach Bonn, wurde als letzter Artikel ins Grundgesetz aufgenommen, mit ihm verabschiedet und von den Militärregierungen anerkannt.

Um bei den Altbadenern die Befürchtung zu zerstreuen, daß sie von den Württembergern überfahren werden sollten, schlug Gerhard Müller am 15. April 1950 den drei Regierungschefs eine unverbindliche Volksbefragung vor. Nie vorher hatte es in Deutschland so etwas gegeben. Aber er war der Meinung, daß es keinen Sinn habe, an der Spitze theoretisch zu streiten, ohne den Willen des Volkes zu kennen. Mit diesem demokratischen Verfahren war auch die Gegenseite einverstanden. Die Befragung fand am 24. September 1950 statt und ergab in Südbaden eine geringe Mehrheit gegen den Südweststaat, in den anderen beiden Ländern eine große Mehrheit dafür.

Eine Klage Südbadens gegen die nunmehr vorgesehene verbindliche Volksabstimmung wurde vom neugegründeten Bundesverfassungsgericht abgewiesen. Im Dezember 1951 fand die endgültige Abstimmung statt. Zwar ergab sich in Südbaden keine Mehrheit für den Südweststaat, aber insgesamt gesehen, sprach sich weitaus die Mehrzahl der Bevölkerung dafür aus. Als Namen für das neue Land einigte man sich auf Baden-Württemberg.

Reinhold Maier hatte bei einer Begegnung, bei der unter anderen auch Theodor Eschenburg zugegen war, Gebhard Müller gebeten, der erste Ministerpräsident des neuen Landes zu werden. Gebhard Müller stellte sich auf eine Allparteienregierung ein, denn er war der Überzeugung, daß nach den zuletzt sehr erbitterten Auseinandersetzungen nunmehr alle gemeinsam die Regierung tragen müßten, um ein möglichst reibungsloses Zusammenwachsen der Landesteile zu gewährleisten.

Bei der Wahl zur Verfassungsgebenden Versammlung am 9. März 1952 erhielt die CDU 50 von 121 Abgeordnetenmandaten, die SPD 38, die FDP/DVP 23, der BHE 6, die KPD 4. In den beiden südlichen Landesteilen hatte die CDU ganz oder nahezu ganz die absolute Mehrheit. Nach dem Neugliederungsgesetz galt das Land Baden-Württemberg als existent, sobald sein zuvor gewählter Ministerpräsident seine Kabinettsliste bekanntgab.

Nach den Wahlergebnissen war man allgemein der Meinung, daß die CDU den Ministerpräsidenten stellen werde. Doch Gebhard Müller hatte mit den Koalitionsverhandlungen keinen Erfolg. Die SPD lehnte im Hinblick auf die Bundesregierung (CDU und FDP) ab; Reinhold Maier stellte immer wieder

Bedingungen, und Gebhard Müller erklärte sich schließlich mit einer Regierung unter dem Ministerpräsidenten Reinhold Maier bereit.

Am 25. April 1952 wurde Reinhold Maier zum Ministerpräsidenten gewählt. Zur Überraschung des Landtags – damals in der Heusteigstraße 45 – gab er jedoch seine ohne Wissen Gebhard Müllers aufgestellte Regierungsmannschaft bekannt, zog um 12.30 Uhr seine Uhr aus der Tasche und erklärte das Land Baden-Württemberg für gegründet. Die CDU hatte er nicht an der Regierung beteiligt.

Bei der Bundestagswahl 1953 hatte dann die CDU einen Stimmenzuwachs zu verzeichnen, während die FDP Verluste hinnehmen mußte. Da Reinhold Maier von diesen Wahlen sein Schicksal als Ministerpräsident abhängig gemacht hatte, trat er zurück, und Gebhard Müller bildete am 7. Oktober 1953 eine neue Regierung, der außer der KPD alle Parteien angehörten, auch die FDP. Er blieb Ministerpräsident bis Dezember 1958, als er Präsident des Bundesverfassungsgerichts wurde.

Der Größe nach wurde der neue Südweststaat mit 35 750 Quadratkilometern das drittgrößte Land der Bundesrepublik Deutschland, ebenso in bezug auf seine Bevölkerungszahl von 6,6 Millionen (1997: 10 396 610). Davon waren 1,1 Millionen Heimatvertriebene und Sowjetzonenflüchtlinge, die in den ausgebombten Städten und in den Dörfern aufgenommen worden waren. 37 Prozent der Heimatvertriebenen stammten aus dem Sudetenland, 11 Prozent aus südosteuropäischen Staaten. Ihr Leistungswille hat wesentlich zum Wiederaufbau der Wirtschaft beigetragen. Und ihre Friedfertigkeit, die nie eine Lösung ihres Problems mit Mitteln der Gewalt anstrebte, wie dies bei vielen anderen Völkergruppen der Fall ist, bewahrte das Land vor zusätzlichen Belastungen. Das ist nicht hoch genug einzuschätzen.

Stuttgart als Bundeshauptstadt? Die Bevölkerung unseres Landes, die überraschend schnell zur Gemeinsamkeit zusammenfand, hat also allen Grund, stolz zu sein. Stolz auch auf eine lange parlamentarische Tradition, die sowohl im ehemaligen Großherzogtum Baden als auch im Herzogtum und späteren Königreich Württemberg weit zurückreicht. Schon vor der Julirevolution von 1830 hatte es in Süddeutschland eine durch die Verfassung garantierte Beteiligung des Volkes an den Staatsgeschäften gegeben. Die Parlamente von Stuttgart und Karlsruhe waren das Vorbild für das erste gesamtdeutsche Parlament, die Nationalversammlung in Frankfurt von 1848, gewesen. Die Verfassung König Wilhelms I. von Württemberg war beispielhaft fortschrittlich, und über König Wilhelm II. schrieb bekanntlich der führende Sozialdemokrat Wilhelm Keil während des Ersten Weltkrieges, die SPD wünsche sich eine Republik, aber für diese erste Republik gebe es keinen besseren Präsidenten als Wilhelm II.

Diese lange parlamentarische Tradition war der Grund, weshalb Gebhard Müller, Oberbürgermeister Dr. Klett, Carlo Schmid und andere Männer Stuttgart als Hauptstadt der Bundesrepublik Deutschland vorschlugen. Die Regierung Reinhold Maier wollte es dagegen nicht. Es darf sich jeder Leser selbst ausspinnen, was geworden wäre, wenn ...

In einer Rede am 29. April 1978 sagte Gebhard Müller unter anderem: „Das größere Gemeinwesen, die Bundesrepublik Deutschland, dessen Glied das neue Land bildet, geht einer großen und gefährlichen Bewährungsprobe entgegen. Da sich mein Lebensweg dem Ende zuneigt und die Schatten immer länger werden, darf ich dem Wunsche Ausdruck geben, daß unser Volk, daß unsere Jugend, die in ihrer großen Mehrzahl guten Willens ist, diese Bewährungsprobe in Fortsetzung der Arbeit ihrer Väter bestehen möge." Der Wunsch dieses vorbildlichen Menschen und Politikers sollte uns Verpflichtung sein. Er starb am 7. August 1980 in Stuttgart.

Die Landeswappen Am 11. November 1953 erhielt das am 25. April 1952 neugebildete Land Baden-Württemberg unter der Regierung von Ministerpräsident Dr. Gebhard Müller seine Verfassung. Darin wird in Artikel 24 bestimmt, daß die Landesfarben Schwarz-Gold sind. Das Landeswappen will als Symbol der Einheit die Traditionen der früheren Länder und Landesteile bewahren. Es zeigt im goldenen Schild drei schwarze Löwen mit roten Zungen: das Wappen der Hohenstaufer, die im Mittelalter Kaiser des Heiligen Römischen Reiches Deutscher Nation und Herzöge von Schwaben waren. Das Herzogtum Schwaben umfaßte weite Teile des heutigen Gebietes von Baden-Württemberg. Deshalb wurde verschiedentlich daran gedacht, den neuen Südweststaat „Schwaben" zu nennen. Das Stauferwappen steht aber auch für die Pfalz, die ehemals staufisch war, und für die ostfränkische Hausmacht der Staufer. Nach dem Untergang der Staufer lebte ihr Wappen bis ins 19. Jahrhundert im Wappen des Schwäbischen Kreises und bis ins 20. Jahrhundert im württembergischen Königs- und Staatswappen weiter – insgesamt etwa 750 Jahre lang.

Soviel zum „kleinen Landeswappen". Das „große Landeswappen" hat einen Schild, der links vom württembergischen Wappentier, dem goldenen Hirschen, gehalten wird, rechts vom Greif, dem badischen Schildhalter und Wappentier. Im kleinen Landeswappen ruht auf dem Schild eine Blattkrone; das große Wappen ist dagegen von Plaketten der historischen Wappen jener Länder und Landesteile gekrönt, die im Land Baden-Württemberg vereinigt sind: von links nach rechts kommt zunächst das Wappen von Franken – drei weiße Speerspitzen des Herzogtums Ostfranken, auch „fränkische Rechen" genannt (Hohenlohe / Franken); daneben das weiß-schwarz gevierteilte Wappen von

Hohenzollern; als drittes und viertes in der Mitte etwas herausgehoben die Wappen der namengebenden Länder Baden (roter Schrägbalken im goldenen Feld) und Württemberg (drei Hirschstangen); rechts der staufische Löwe im schwarzen Feld als Wappen der Kurpfalz (um Mannheim) und ganz rechts der rotweiß-rote österreichische Bindenschild als Erinnerung an die ehemals vorderösterreichischen Gebiete im Breisgau und in Oberschwaben. In diesem Wappen stellt sich also Baden-Württemberg als ein Land der Vielfalt in der Einheit vor.

Im großen Landeswappen sollten die Traditionen der Länder und Landesteile bewahrt bleiben, die im April 1952 zum neuen Bundesland Baden-Württemberg zusammengeschlossen wurden.

Welch kontrastreiche Landschaftseindrücke die Lage Stuttgarts mit dem Auf und Ab der Täler und Höhen vermittelt, ergibt sich allein schon aus dem Höhenunterschied, der häufig auf kurzen Entfernungen besteht und durch

Stuttgart – Landeshauptstadt in Deutschlands Süden

steilste Treppen – die typischen Stuttgarter „Stäffele" – bewältigt werden muß. Der höchste Punkt der Landeshauptstadt liegt auf der Bernhartshöhe bei Vaihingen mit 549 Metern ü.M., die Rohrer Höhe liegt bei 496,2 Metern, der tiefste Punkt am Neckarwehr Hofen mit 207 Metern ü.M.

Ein unvergeßliches Erlebnis ist es, die bewegten Linien dieses Stadtpanoramas vom Fernsehturm aus zu sehen und den Blick im kilometerweiten Umkreis bis zur Schwäbischen Alb schweifen zu lassen oder über den Neckar hinweg zu den idyllischen, inmitten von Rebhügeln liegenden Vororten, deren Bewohner vielfach noch hauptberuflich Weingärtner – schwäbisch Wengerter – sind, oder zumindest im Nebenberuf. In Uhlbach sollte man das Weinbaumuseum in der architektonisch besonders reizvollen alten Kelter besuchen, außerdem die Kirche, die sich, vorbildlich restauriert, mit einer wunderschönen Jugendstilausstellung präsentiert. Wer gut zu Fuß ist, wird begeistert sein, wenn er von Uhlbach aus durch die Weinberge hinaufsteigt zum denkmalgeschützten Stadtteil Rotenberg mit seinen vorzüglichen Weinlagen. Dort steht auch in beherrschender Aussichtslage auf dem Württemberg die Grabkapelle, die König Wilhelm I. anstelle der einstigen Stammburg des Hauses Württemberg vom italienischen Baumeister Salucci für seine Gemahlin, die Zarentochter Katharina, errichten ließ.

Der Keuchhustenturm Der Stuttgarter Fernsehturm, den man schon aus sehr weiter Ferne in den Himmel ragen sieht, ist zum weltberühmten Wahrzeichen der Stadt geworden. Doch längst nicht jeder weiß, daß diese kühne schmale Nadel, die allen Stürmen trotzt, das erste Bauwerk dieser Art auf der ganzen Welt war. Der geistige Vater ist der Stuttgarter Professor Dr.-Ing. Fritz Leonhardt, eigentlich ein Brückenbauer, dessen ästhetische Werke in vielen Ländern der Erde zu finden sind – natürlich auch in seiner Vaterstadt: der Fußgängersteg über die Schillerstraße ist die dünnste Spannbetonbrücke der Welt. Der Hängebrückensteg im Rosensteinpark ist ebenfalls sein Werk.
Der Stuttgarter Fernsehturm hätte ursprünglich nur ein 200 Meter hoher Gittermast werden sollen. Eine Keuchhustenplage in der Familie Leonhardt, die nicht nur die fünf Kinder, sondern auch den Herrn Professor ans Bett fesselte, ist „schuld" am Bau des Fernsehturms in seiner heutigen Gestalt. Fritz Leonhardt überlegte sich nämlich, daß ein hoher Turm ebenso wirkungsvoll keuchhustenkranke Kinder in luftige Höhen befördern könnte wie ein Flug-

*Die Landeshauptstadt zwischen
Wald und Reben: Stuttgart ist ein
Anziehungspunkt für viele Besucher
aus nah und fern.*

79

zeug. In schlaflosen Nächten brachte er seine Idee zu Papier. Schließlich konnte er die Verantwortlichen beim Süddeutschen Rundfunk von der Richtigkeit seines Vorhabens überzeugen – nämlich einen Turm zu bauen, der außer den Sendefunktionen auch anderen Zwecken dienen könne. Am 10. Juli 1954 wurde der Grundstein gelegt, am 5. Februar 1956 wurde der Turm eingeweiht. Die 4,2 Millionen Mark, die er gekostet hat, sind ein Pappenstiel im Verhältnis zu dem Betrag, den die vielen Millionen Besucher seitdem eingebracht haben.

Der Turmschacht ruht auf einem 1 500 Tonnen schweren Betonsockel, auf dem 1 000 Tonnen Erde liegen. Mit dem Sendemast mißt der Turm 217 Meter, wobei man allerdings die exponierte Lage hoch über der Innenstadt berücksichtigen muß. Die Aussichtsplattform befindet sich in 150 Meter Höhe. Der Turm ist zum Vorbild für 70 ähnliche in aller Welt geworden. Davon hat 28 Professor Leonhardt gebaut.

Die Bahn zur schönen Aussicht Es gibt kein Verkehrsmittel, mit dem man die herrliche Lage Stuttgarts so intensiv und unmittelbar wahrnehmen kann wie mit der Zahnradbahn vom Marienplatz nach Degerloch. Auf ihrer zwei Kilometer langen Strecke überwindet sie einen Höhenunterschied von immerhin 205 Metern. Der Talbahnhof Marienplatz liegt 265 Meter hoch, der Bergbahnhof Degerloch 470 Meter. Nichts kann das Gefühl beschreiben, das man empfindet, wenn man von oben mit der Bahn mitten durch Obstgärten hinunterfährt und sich ein Panorama darbietet, in dem der ganze Zauber des deutschen Südens wie mit einem Weitwinkel eingefangen ist: links und rechts der Bahntrasse üppige Gärten, deren Bäume und Sträucher zum Greifen nahe sind, und auf den gegenüberliegenden Höhen gepflegte Weinberge, die fast unmittelbar hinter dem Stadtzentrum steil ansteigen. Nur die Zahnradbahn – von den Stuttgartern liebevoll „Zacke" genannt – kann diesen Eindruck vermitteln, weil man in ihr erhöht sozusagen auf Tuchfühlung mit den Baumwipfeln sitzt. Am liebsten möchte man den in so viel Grün gebetteten Villen zuwinken, in deren Gärten man schauen kann, und jedem Baum grüß Gott sagen. Man kommt sich vor wie in einem Luftkurort in einzigartiger Lage, nicht wie in einer Großstadt mit fast 600 000 Einwohnern.

Ein Luftkurort war Degerloch vor der Eingemeindung nach Stuttgart tatsächlich, als Emil von Kessler, Direktor der Maschinenfabrik Esslingen, am 11. Juni 1883 um die Konzession für eine „schmalspurige Dampfstraßenbahn mit Zahngestänge" ansuchte. Am 28. April 1884 wurde die Genehmigung erteilt, und schon am 23. August desselben Jahres wurde die Strecke nach Degerloch eröffnet. 370 000 Mark kostete der Bau dieser auf Personenverkehr eingerichteten Zahnradbahn. Es war die dritte in ganz Deutschland; die ersten zwei waren die Drachenstein- und die Niederwaldbahn. Damals dauerte eine Fahrt

15 Minuten, heute sind es 12 Minuten. Die stärkste Steigung beträgt 17,53 Prozent. Im Zweiten Weltkrieg wurde die Talstation im Jahre 1944 durch Bomben zerstört, die Wiederherstellung war am 1. April 1949 beendet.

Degerloch ist heute kein Luftkurort mehr, aber die Luft dort oben ist immer noch viel besser als im Tal, und die liebe alte Zahnradbahn bietet wie ehedem ihren Fahrgästen die allerschönste Aussicht. Vornehmlich zu diesem Zweck hatte sie Herr von Kessler gebaut.

Mehr Wein als Wasser Weinlese in einer Großstadt – eine beneidenswerte Stuttgarter Besonderheit. Wo sonst in einer Metropole gelangt man vom Bahnhofsplatz aus in wenigen Minuten auf Rebhänge? Auswärtige Besucher, die in den Hotels um den Hauptbahnhof herum wohnen, sind stets erstaunt darüber, daß die berühmten Lagen bis in die City herein reichen. Und wer als Stuttgarter mit Fremden die Weinsteige hinauffährt oder im Zug auf der Fahrt durch die Neckarvororte die Überraschung der Reisenden beim Anblick der sorgfältig gepflegten Weinberge erlebt, der wird sich der Besonderheit Stuttgarts als Weinbaugemeinde erst richtig bewußt.

Bei den Rotweinen, die auf Stuttgarter Gemarkung angebaut werden, spielt der Trollinger mit mehr als 84 Prozent eine überragende Rolle. Bei den Weißweinen hat der Riesling mit zirka 47 Prozent den größten Anteil, aber auch der Müller-Thurgau (27 %) und der Kerner (16 %) sind unter den Weißweinen mit beachtlichen Mengen vertreten. In Stuttgart gibt es sieben Weingärtnergenossenschaften. Die älteste ist die Untertürkheimer: sie wurde 1887 gegründet, die Uhlbacher ist mit 140 Mitgliedern die größte. Bad Cannstatt, Obertürkheim, Rohracker und Rotenberg haben ebenfalls eigene Weingärtnergenossenschaften, und sie alle sind stolz auf ihre Erzeugnisse, die bei Kennern in höchsten Tönen gerühmt werden. Die Stuttgarter Lagen gelten in Fachkreisen als gut bis hervorragend, der Anteil der mit Prädikaten ausgezeichneten Stuttgarter Erzeugnisse ist außerordentlich hoch. Das gilt besonders für die Weine des Weinguts der Stadt Stuttgart.

In Untertürkheim befinden sich große Kelleranlagen der Württembergischen Zentralgenossenschaft (WZG). Neun Millionen Liter Wein haben dort Platz. Der Hauptbetrieb der Zentralgenossenschaft befindet sich jedoch seit einigen Jahren in Möglingen bei Ludwigsburg. Ein Tanklager für 20 Millionen Liter, ein mehrere Millionen Flaschen fassendes Lager und zwei vollautomatische Flaschenabfülleinrichtungen gehören zu diesen Kellereien.

Die Württembergische Zentralgenossenschaft, die zu den größten und modernsten Weinkellereien in Deutschland gehört, besitzt auch bei Maulbronn einen Betrieb. In einem ehemaligen Bundesbahntunnel wurden Eisenbetontanks eingebaut und mit Glas ausgekleidet, und auf diese Weise wurde ein

Weinkeller für 11 Millionen Liter gewonnen, der wegen seiner geringen Temperaturunterschiede als geradezu ideal gilt. Doch nicht nur der Wein prägt Stuttgart, auch das Wasser spielt eine wichtige Rolle.

Landeshauptstadt und Kurort Mitunter fällt einem die Aufgabe zu, auswärtigen Besuchern Stuttgart zu zeigen und deren Aufenthalt abwechslungsreich zu gestalten. Diese Besinnung auf die eigene Stadt tut jedermann gut, denn man ist gezwungen, Stuttgart gewissermaßen mit den Augen eines Touristen zu sehen, sich also zu überlegen, welche besonderen Sehenswürdigkeiten es hier gibt, welche Einkehrmöglichkeiten, Ausflugsziele, usw. Bei sommerlicher Hitze denkt man natürlich sofort ans Baden. Und da hat Stuttgart außergewöhnlich viel zu bieten. Hier muß niemand Angst haben, daß Baden wegen Wassermangels verboten wird, denn es müßte schon ganz schlimm kommen, wenn die Mineralquellen nicht mehr genügend Wasser spendeten, um die Schwimmbäder und die Wannen der Kurabteilungen zu füllen: Die 19 Quellen in Bad Cannstatt haben eine tägliche Schüttung von 22 Millionen Litern! 12 Quellen sind als Heilquellen staatlich anerkannt. Stuttgart weist mit 500 Liter Schüttung pro Sekunde die reichsten Mineralquellen in ganz Westeuropa auf, nur in Budapest fließt das kostbare Naß noch reichlicher.
Schon die Römer hatten im zweiten und dritten Jahrhundert n. Chr. in Cannstatt Badeanlagen. Im Mittelalter (1377) entstand die erste Badestube, und zwar in der Nähe der heutigen Eisenbahnstraße. Auf der Suche nach Salz wurde dann im Jahre 1773 die erste artesische Quelle Deutschlands erbohrt. Artesisch – so definiert es der Brockhaus – ist ein Wasser, „das unter dem Druck höherer Grundwasserschichten selbsttätig springt". Die Quelle wurde im 19. Jahrhundert nach König Wilhelm I. „Wilhelmsbrunnen" benannt. Der König war nämlich ein großer Förderer der Heilquellennutzung. Er ließ ab 1820 die Cannstatter Kuranlagen ständig erweitern und von 1825 bis 1837 den Cannstatter Kursaal bauen. Der Kurbetrieb erfreute sich damals eines lebhaften Zuspruchs von Gästen aus dem In- und Ausland. Kurgäste aus Königs- und Fürstenhäusern stiegen in Cannstatt ab, und zwar im Badhotel Herrmann, einem Haus „ersten Ranges"; Ärzte ließen sich nieder, zum Beispiel 1836 Dr. Albert Veiel, der eine Heilanstalt für Hautkrankheiten eröffnete. Cannstatt war ein Weltbad. Doch das aufkommende Industriezeitalter forderte seinen Tribut. Die aufblühenden Industriebetriebe, von denen heute viele Weltgeltung haben, verdrängten die Kurgäste. Aber der Badebetrieb kam nie zum Erliegen, denn anstelle der auswärtigen Besucher benützten nun die Cannstatter und Stuttgarter selbst die Mineralquellen zur Vorsorge und zu Heilzwecken. Das Wasser, in dem jedermann baden kann, wie auch das Wasser für Kuren bleibt völlig naturbelassen. Beide Nutzungen der heilenden Quellen haben in Stuttgart Hochkonjunktur.

Ein Museum, das gerade in unserer Zeit der ständigen Zunahme der Weltbevölkerung und des gewaltigen Problems ihrer Ernährung besondere Bedeutung hat, ist das Deutsche Landwirtschaftsmuseum in Stuttgart-Hohenheim. Das Hauptgebäude befindet sich in der Garbenstraße und besitzt weltweit anerkannte Sammlungen auf diesem Gebiet. Der Grundstock der Sammlungen stammt bereits aus dem Jahre 1818, also aus der

Das Deutsche Landwirtschaftsmuseum

Regierungszeit König Wilhelms I. von Württemberg. Dem König lag die Förderung der Landwirtschaft in dem an Bodenschätzen armen Land besonders am Herzen. Der erste Ausstellungsabschnitt des Museums wurde am 1. Juni 1975 eröffnet. Er zeigt unter dem Titel „5000 Jahre Bodenbearbeitung" den Wandel des Ackerbaus von der Jungsteinzeit bis heute. Erstmals in der Geschichte wird in diesem fachhistorischen Museum aufgrund neuer Forschungsmethoden die Entwicklung der Bodenbearbeitung in Mitteleuropa anhand von Originalen systematisch aufgezeigt. Ebenfalls zum ersten Mal wurde eine einheitliche Nomenklatur und systematische Ordnung der Harken und Pflüge in allen Ländern und allen Zeiten bis heute in Angriff genommen. Während nämlich in anderen Fachgebieten übereinstimmende wissenschaftliche Bezeichnungen existierten, wurden im Ackerbau für die verschiedenen Begriffe der Bodenbearbeitungsgeräte fast in jeder Landschaft andere Namen verwendet. Durch umfangreiche Forschungen hat man in Hohenheim herausgefunden, welche Begriffe bzw. Benennungen für die verschiedenen historischen Primärbodenbearbeitungsgeräte zutreffen und beabsichtigt dafür – als Voraussetzung für interdisziplinäre und internationale Forschung – eine gemeinsame Sprachregelung zu schaffen.

5000 Jahre Bodenbearbeitung Dem Besucher des Museums wird die Entwicklung der Bodenbearbeitungsgeräte sehr anschaulich vor Augen geführt: Vom primitiven, handgezogenen Haken der Jungsteinzeit bis zum verbesserten, bereits von einem Gespann gezogenen Haken der Bronzezeit. Solche Jochhaken waren ungefähr bis zum 1. Jahrhundert v. Chr. die einzigen Geräte, mit denen der Bauer die Saatfurchen zog. Als sich um etwa 500 v. Chr. unser Klima vom trocken-warmen zum feucht-kühlen veränderte und damit die üppiger wachsenden Unkräuter die Kulturpflanzen zu erdrücken drohten, mußte sich der Mensch anpassen, und so wurde im ersten Jahrhundert v. Chr. im Nordseeküstengebiet der Pflug im heutigen Stil erfunden, der die Erde nicht beidseitig häufelte wie die ursprünglichen Haken, sondern sie einseitig wendete. Im Museum sind Jochhaken zu sehen, wie sie noch im vorigen Jahrhundert auf der Schwäbischen Alb benutzt wurden und in vielen Ländern bis heute in Gebrauch sind. Eine Kostbarkeit sind zwei Originaljoche aus der Zeit vor 1420.

Ein besonderer Abschnitt ist der Übersicht über die Arbeitsverfahren in der Jungstein- und der Bronzezeit gewidmet (etwa bis zum Jahr 800 v. Chr.). Felszeichnungen aus dem Val Camonica bei Brescia/Oberitalien und archäologische Ausgrabungen lieferten die wissenschaftliche Grundlage. Diese Felszeichnungen waren für die Wissenschaftler von Hohenheim eine große Hilfe. Sie stammen aus der Bronzezeit, sind also rund 3000 Jahre alt, und stellen die Feldbestellung bildlich dar.

Vor einer solchen Wandzeichnung steht im Museum ein sogenannter Stelzradhaken, der im Westerwald bis 1950 in Gebrauch war. Er ist nichts anderes als die Weiterentwicklung des auf der Felszeichnung dargestellten Jochhakens. Texttafeln erinnern daran, daß Haken, wie sie vor 2000 Jahren der Bodenbearbeitung dienten, wegen ihres geringen Bedarfs an Zugkraft in Deutschland noch zu Beginn des 20. Jahrhunderts regional in Kleinbetrieben üblich waren.

Wegbereiter des modernen Ackerbaus Etwa die Hälfte der Bauern der Welt, so lehrt uns das Museum, arbeiten noch immer mit Haken, die in der Urzeit üblich waren. Unter bestimmten Voraussetzungen ist dies durchaus berechtigt. Wie das Museum zeigt, hat es sich als falsch erwiesen, in die unterentwickelten Gebiete pauschal einfach die moderne Landtechnik mit Motorpflügen und Traktoren zu übertragen. Bei besonderen örtlichen Verhältnissen kann dies zu Ertragsrückgängen oder gar zu Bodenerosionen führen, die Zerstörungsarbeit des Windes und Wassers beschleunigen. Eine sinnvolle Entwicklungshilfe für den Ackerbau in diesen Ländern kann vielmehr darin bestehen, die herkömmlichen Bodenbearbeitungsgeräte, die sich dort ihrer Grundidee nach bewährt haben, weiterzuentwickeln. Nach neuen Erkenntnissen kann nämlich durch eine von einheimischen Handwerkern vorgenommene konstruktive Verbesserung der traditionellen Geräte ihre Funktion erhöht werden. In dieser Art von Entwicklungshilfe, durch die Weitergabe des „Gewußt wie", durch Hilfe zur Selbsthilfe, sieht das Deutsche Landwirtschaftsmuseum eine seiner vordringlichsten Zielsetzungen.

Älteste Landwirtschaftliche Hochschule der Welt Hohenheim trägt schon seit dem vorigen Jahrhundert einen wesentlichen Teil zur Lösung dieser Aufgabe bei, seit 1818, als König Wilhelm I. von Württemberg (1781–1864) das Hohenheimer Institut gegründet hat. Das Los, immer wieder von Hungersnöten heimgesucht zu werden, traf zu jener Zeit auch Mitteleuropa. Der Großteil der Bevölkerung in Württemberg lebte vom Ertrag seines meist kleinen Stückes Ackerboden. Zu erforschen, wie man den Boden besser bewirtschaften könnte, war die Aufgabe dieser ältesten Landwirtschaftlichen Hochschule der Welt (seit 1967 Universität).

Da aber die Theorie allein nicht genügte, wurde dem Schloß ein Staatsgut zugewiesen und die erste Ackerbaugerätefabrik Deutschlands (1819–1904) angegliedert. Zugleich entstand eine Ackerbauschule für Landwirtschaft und Gartenbau. Die Landwirtschaftliche Unterrichts-, Versuchs- und Musteranstalt für Württemberg hatte großen Erfolg. In der Ackerbauschule wurden die Bauern mit den theoretischen Grundzügen der Bodenkultur vertraut gemacht und sie lernten zugleich, die verbesserten Ackergeräte und Maschinen zu handhaben, die von den Wissenschaftlern entwickelt worden waren.

Die Arbeit von Hohenheim befruchtete in des Wortes wahrster Bedeutung die ganze Welt, denn die Gerätemodelle gingen an sämtliche Ackerbauschulen als Lehrmaterial und dienten den einheimischen Handwerkern als Muster. Sie wurden im vorigen Jahrhundert auf 100 bedeutenden Ausstellungen gezeigt, darunter auf drei Weltausstellungen. Viele Ausländer studierten in Hohenheim und konnten später ihre Kenntnisse in der eigenen Heimat nutzen.

Theophrastus Paracelsus Aber der Name Hohenheim ist nicht erst seit 180 Jahren mit der Forschung und ihrer praktischen Anwendung zum Nutzen der Menschheit verbunden. Philippus A. P. Theophrastus Bombastus Paracelsus, Arzt, Chemiker und Theosoph, geboren 1493 zu Maria Einsiedeln im Schweizer Kanton Schwyz, nannte sich von Hohenheim, denn ihm gehörten die dortigen Güter. Im Bestreben, den Stein der Weisen oder eine Universalmedizin zu finden, war er einer der ersten Gelehrten, die die Krankheit als lebendigen, den Gesetzen des Organismus unterworfenen Vorgang sahen. Die Verbesserung der Arzneimittelkunde und die Belebung der Naturwissenschaften waren mit sein Verdienst.

Vom 15. Jahrhundert bis heute zieht sich also der Name Hohenheim wie ein roter Faden durch die Geschichte des menschlichen Fortschritts. Von der weltweiten Bedeutung des Museums (und der Universität) zu sprechen, ist keine lokalpatriotische Übertreibung. Ich hörte zum Beispiel von der Leistung Hohenheims zum ersten Mal, als ich in Israel eine landwirtschaftliche Versuchsanstalt besuchte. Da war plötzlich inmitten der endlosen Sandwüste des Negev ein grüner Acker zu sehen. Der nächtliche Tau auf den Hälmchen und Steinen, der winzige Teil von Luftfeuchtigkeit wurde gesammelt, und mit wissenschaftlichen Methoden wurde versucht, das scheinbar tote Land zum Leben zu erwecken. „Bei diesem Projekt", sagte der Leiter der Versuchsanstalt, „stützen wir uns wesentlich auf die Hilfe von Hohenheim." Wie in Israel, so sind auch anderswo in der Welt viele landwirtschaftliche Vorhaben ohne die wissenschaftliche Hilfe aus Hohenheim kaum denkbar. Mit vielen Staaten der Erde steht das Museum in Verbindung, und was dort von nur wenigen Mitarbeitern und mit geringen finanziellen Mitteln geleistet wird, ist erstaunlich.

Mit einem Schiff der Neckar-Personenschiffahrt kann man vom Stuttgarter „Heimathafen" Wilhelma aus das schöne Neckartal auf eine besonders reizvolle Weise kennenlernen. Aus dieser Perspektive sieht man die Landschaft und viele Details, die einem sonst verborgen bleiben. Es ist wunderschön, an Bad Cannstatt vorbeizugleiten, dann die gepflegten Weinberge zu bewundern, die kilometerlang die Ufer säumen, oder Enten mit ihren Jungen zu beobachten, die am Saum des Wassers nach Leckerbissen suchen und von den vorbeifahrenden Ausflugs- und Frachtschiffen kaum Notiz nehmen.

Per Schiff und zu Fuß durchs Neckartal

Wer noch nie im Sommer mit dem Schiff den Neckar entlanggefahren sei, befand einst der Reiseschriftsteller Mark Twain, der kenne die Schönheit Deutschlands nicht. Der Weltenbummler Twain fuhr allerdings nicht von Stuttgart aus, sondern schipperte von Heilbronn bis Heidelberg und schrieb seine Lobeshymne auf die trutzigen Burgen und idyllischen Orte, die an dieser Teilstrecke liegen – aber sie gehört ja auch zu Baden-Württemberg. Seine Begeisterung wäre gewiß nicht kleiner gewesen, hätte er die Felsengärten bei Besigheim gesehen oder eine der heiteren Ortschaften besucht, die zur Unterbrechung der Fahrt und zur Besichtigung einladen. Auch viele Wandermöglichkeiten gibt es am Wege. Außer dem zur einstigen württembergischen Residenzstadt Ludwigsburg gehörenden Heilbad Hoheneck und der Schillerstadt Marbach, die mit dem Geburtshaus des Dichters und dem Literaturmuseum weltberühmt ist, gibt es einige Orte, deren Besichtigung niemand bereuen wird.

Benningen und die Archäologie Sehr lohnend ist eine Wanderung nach Benningen, das eine Schiffsanlegestelle und eine S-Bahnstation hat. Der Ort lag einst an der römischen Reichsgrenze und bewahrt heute im Römermuseum im Rathaus bedeutende Funde aus jener Zeit. Beim Bau des neuen Rathauses wurde ein Teilstück der einstigen Römerstraße gefunden, die damals das Kastell von Benningen mit den Nachbarkastellen Cannstatt und Walheim verband. Aber solche Funde wurden nicht erst in unserer Zeit gemacht. In Benningen hat der Nestor der römischen Altertumspflege in Württemberg, Magister und Präzeptor Simon Studion (1572–1605) im Auftrag des Herzogs von Württemberg bereits im Jahre 1597 Ausgrabungen im Römerkastell durchgeführt; es sind die ältesten in unserem Land.

Der erste Cannstatter Hafen Im fast 2000 Jahre alten Cannstatt, das 1905 mit dem tausendjährigen Stuttgart vereinigt wurde, war im Jahre 1712 der erste Hafen gebaut worden, der ab 1842 sogar Freihafen war. Damals verkehr-

ten die Marktschiffe bis Heilbronn. Um 1850 wurde der Schiffsverkehr eingestellt. Am 7. März 1957, ein Jahr vor der Einweihung des neuen Stutt-

garter Industriehafens für Groß-Schiffe durch Professor Dr. Theodor Heuss, nahm die Neckar-Personenschiffahrt ihren regelmäßigen Fahrverkehr zwischen Bad Cannstatt und Besigheim bzw. Lauffen auf. Auch Kurzrundfahrten zum Max-Eyth-See mit einstündiger Dauer werden durchgeführt und sehr interessante tägliche Hafenrundfahrten in Stuttgart sowie Rundfahrten bis Aldingen, die zwei Stunden dauern. Das größte Schiff, „MS Wilhelma", kann 500 Passagiere aufnehmen, das kleinste, „Stuttgart", bietet 250 Personen Platz.

Die Wasserstraße vom Stuttgarter Industriehafen bis Mannheim ist 202 Kilometer lang. Bis Plochingen können Frachtschiffe bis zu 2000 Bruttoregistertonnen fahren. Es ist unterhaltsam, von einem der Passagierschiffe aus den großen Lastschiffen zuzusehen und sich daran zu erinnern, daß einst auf dem Neckar die Schiffe vom Ufer aus getreidelt, also gezogen wurden – getreidelt auf den Wegen, auf denen man heutzutage gemütlich von Ort zu Ort, von Weinberg zu Weinberg, von einem Schloß zum anderen wandern kann.

Literaturbeflissene und Weinkenner wissen, daß in Weinsberg die hochange-
sehene Weinbauschule zu Hause ist und ein von ihr kreierter Wein nach dem
Dichter Justinus Kerner benannt wurde, der ebenfalls dort zu Hause war und

Weinsberg, Wein und treue Weiber

in seinem Haus den Dichterfreunden Uhland und
Lenau manches Glas Wein kredenzt hat. Wer dazu
noch in der württembergischen Geschichte Be-
scheid weiß, dem kommen natürlich die treuen
Weiber von Weinsberg in den Sinn, die ihre Männer vor dem Tod retteten,
indem sie sie auf dem Rücken aus der Burg hinaus in Sicherheit trugen. Eine
schöne Legende ohne Wahrheitsgehalt? Sicher, werden manche Leser glauben, denn die Weibertreubegebenheit wird als Wandersage nicht nur in
Deutschland, sondern auch von vielen Burgen in anderen europäischen Ländern erzählt. Weit gefehlt: Nach einem jahrzehntelangen Gelehrtenstreit und
genauen historischen Untersuchungen von Professor Holtzmann steht seit
1916 fest, daß es sich um eine wahre Begebenheit handelt, die sich in Weinsberg ereignet hat.

Geschehen im Jahr 1140 Die früheste noch erhaltene Niederschrift der
Weibertreugeschichte enthält die um 1140 verfaßte Kölner Königschronik. Das
lateinische Original befindet sich in der Biblioteca Vaticana in Rom. In deutscher Übersetzung lautet der Text:
„1140. Der König belagerte eine Feste des Herzogs Wolf von Bayern namens
Weinsberg und brachte sie zur Kapitulation, wobei er den Ehefrauen und den
übrigen Weibern, die sich hier vorfanden, mit königlichem Edelsinn die Er-
laubnis gab, daß jede forttragen dürfe, was sie auf ihren Schultern vermöchte.
Diese aber, ebenso auf die Treue zu ihren Männern wie auf die Rettungen der
übrigen bedacht, ließen das Hausgerät beiseite und stiegen herab, indem sie
ihre Männer auf den Schultern trugen. Als Herzog Friedrich widersprach, daß
man solches hingehen lasse, erklärte der König, der die Hinterlist der Frauen
nicht übelnahm, es schicke sich nicht, an einem Königswort zu deuteln."
Auch in der Hirsauer Chronik ab 1495 wird das Ereignis geschildert. Gedruckt
wurde es erstmals im Jahre 1516 in der Weltchronik des Tübinger Universi-
tätskanzlers Vergenhans.
In den Jahren 1138/40 ging es um die Nachfolge für den verstorbenen Kaiser
Lothar. 1138 wählten die deutschen Fürsten Herzog Konrad von Schwaben
zum neuen König. Diese Wahl wurde von Lothars Schwiegersohn, dem
Herzog Wolf von Bayern, nicht anerkannt, und er wollte seine Erbfolge mit
Waffengewalt durchsetzen. Als ihn das Kriegsglück verließ, flüchtete er auf
die Burg Weinsberg, die König Konrads gegnerischer Partei, den Welfen,
gehörte. Der König belagerte daraufhin die Burg und drohte, daß jedermann

sterben müsse, wenn sich die Festung nicht erge-
be. Da griffen die Frauen zu jener List, die nicht nur
ihre Männer rettete, sondern auch ihnen selbst ein
Ruhmesblatt in der Geschichte einbrachte.

Die Burg Weibertreu – sie erhielt ihren Namen in Erinnerung an die Frauen, die ihre Männer retteten, indem sie sie auf dem Rücken aus der Burg hinaus trugen.

Weibertreu-Museum und Frauenverein Das Ereignis hat über die Jahrhunderte einen tiefen Eindruck gemacht. In 20 Chroniken des 16. Jahrhunderts ist es enthalten, und Künstler weit über den mitteleuropäischen Raum
hinaus haben es immer wieder dargestellt. Die Erfindung der Buchdrucker-
kunst im 15. Jahrhundert ermöglichte die Verbreitung der Weibertreugeschichte in weiten Bevölkerungskreisen. Künstlerische Darstellungen der Begebenheit gehören zu den Sammlungen bedeutender Museen, auch der Staatsgalerie
Stuttgart.
Die Stadt Weinsberg hat ein Museum eingerichtet, in dem der größte Teil ihrer
seit fast 40 Jahren gesammelten Originale und Reproduktionen von Originalen aus Museen in aller Welt ausgestellt sind. In dem Museum kann man sich
auch über das „Weinsberger Blutostern" vom Jahre 1525 informieren, das den
Höhe- und Wendepunkt des Bauernkrieges in Südwestdeutschland bedeutete.

Damals wurden der Graf Helfenstein, Schwiegersohn des Kaisers Maximilian, und andere Adelige von den Bauern mit Spießen zu Tode gejagt. Entsetzt wandten sich da die gemäßigteren von den grausamen Bauern ab. Auch die Geschichte der Stadt Weinsberg bis heute wird im Museum dargestellt, und im Foyer ist der Nachlaß des Weinsberger Künstlers Professor Heinrich Seufferheld (1866–1940) zu sehen.

Keine Angst beim Besuch des Museums! Spukgeschichten wie zu Justinus Kerners Zeiten gibt es dort nicht mehr. Einige Räume waren früher Gefängniszellen, und dort soll es jahrelang so gruselig gespukt haben, daß die härtesten Männer voller Schaudern flehentlich um Verlegung in ein anderes Gefängnis gebeten hätten. Darüber hat es sogar amtliche Protokolle gegeben. Leider sind sie 1945 verbrannt.

Die Geschichte von Weinsberg ist insgesamt ereignisreich: 1525, nachdem der Bauernaufstand vom Feldherrn des Schwäbischen Bundes niedergeschlagen worden war, wurde die Stadt eingeäschert, obwohl die Bewohner an den Bauernexzessen keine Schuld hatten. Und am 12. April 1945, in den letzten Stunden des Zweiten Weltkriegs, wurde Weinsberg von amerikanischen Bomben und Bordwaffenbeschuß total zerstört, obgleich die deutschen Soldaten längst abgezogen waren.

1824 nahm sich Justinus Kerner der im Bauernkrieg zur Ruine gewordenen Burg an, die nun „Weibertreu" genannt wurde. König Wilhelm I. von Württemberg belehnte den Frauenverein Weinsberg mit ihr. Seit 1920 ist sie im Besitz des Justinus-Kerner-Vereins, der mehrfach Restaurierungsarbeiten durchführen ließ, damit die geschichtsträchtigen Mauern weiterhin an die liebevollen, treuen und schlauen Weiber erinnern.

Schwäbisch Hall gehört zum Reigen jener geschichtsträchtigen malerischen Städte in Baden-Württemberg, die sich ihr eigenes Gepräge bewahrt haben und den Gästen viel Sehenswertes bieten. Schwäbisch Hall war im Mittelalter eine berühmte Salzstadt, und noch heute fließt die heilkräftige Solequelle, die mitten in der Stadt am rechten Ufer des Kochers entspringt, zum Wohle erholungsbedürftiger oder kranker

Schwäbisch Hall – die alte Salzsiederstadt

Kinder und Erwachsener und bereichert das Angebot der romantischen Stadt. Schon in der Keltenzeit wurde in Hall Salz gewonnen. Es machte die Stadt reich und berühmt. Die Hohenstaufer liebten Hall, und sie statteten es mit vielen Rechten aus, unter anderem mit dem Recht der Münzprägung. Die alte deutsche Scheidemünze Heller müßte eigentlich Häller hießen, denn sie hat ihren Namen von Schwäbisch Hall, wo sie im Jahre 1208 vermutlich zum ersten Mal, bestimmt aber erstmals in größter Anzahl geprägt wurde. Ein Heller hatte den Wert eines halben Pfennigs. Als die neuen deutschen Reichsmünzen eingeführt wurden, gab es in Deutschland keine Heller mehr, doch in Österreich-Ungarn waren Heller bis zum Zusammenbruch der Donaumonarchie im Jahre 1918 (in Österreich bis 1925) Zahlungsmittel. 100 Heller waren eine Krone.

Das barocke Rathaus, die stattlichen Patrizierhäuser mit ihrem behäbigen Fachwerk und den pittoresken Giebeln, die den Marktplatz mit dem gotischen Fischbrunnen umstehen; die majestätisch über allem thronende Michaelskirche mit dem romanischen Turm und dem gotischen Schiff, die berühmte Kunstwerke birgt; der sogenannte Neue Bau, das Zeughaus der Stadt, der hoch über ihren Dächern aufragt; die gewundenen Gassen und die Befestigungsanlage – das alles gibt einen wunderschönen Zusammenklang. Wobei die Lage am tief eingeschnittenen Flußtal des Kochers noch besonders malerische Akzente setzt.

Das Spiel auf der Treppe und Salzsiederbrauchtum Die Festspiele auf der herrlichen Kirchentreppe von St. Michael auf dem Marktplatz von Schwäbisch Hall haben im Jahre 1925 mit Hofmannsthals „Jedermann" ihren Anfang genommen. Eine einprägsamere, gewaltigere Szenerie als die 64 Stufen ist kaum denkbar. Gerade diese steinerne Schlichtheit, die allein Kulisse ist, erhebt die Dichterworte vollends zur zeitlosen Gültigkeit und läßt sie um so eindringlicher zum Zuschauer sprechen.

Doch in Hall wird nicht nur Theater gespielt. Die alte Tradition der Salzsieder wird jedes Jahr an Pfingsten beim „Kuchen- und Brunnenfest" neu belebt. Das Fest geht bis ins Mittelalter zurück. Anno 1376 soll es gewesen sein, als die Siederburschen, die nachts das Feuer unter den Siederpfannen bewachten, durch einen Hahnenschrei geweckt wurden. Als sie einen Gockel aus dem

Dach der Mühle fliegen sahen, konnten sie durch beherztes Zupacken Mühle und Müllersfamilie retten. Zum Dank stiftete der Müller einen 90 Pfund schweren Kuchen, der in einem feierlichen Zug zu den Brunnen der Stadt getragen wurde. Dies war der Ursprung des Kuchen- und Brunnenfestes, das in seiner heutigen Form auf eine 1785 erlassene Verordnung zurückgeht. Beginn ist jeweils am Pfingstsamstag, da eröffnen es die Siederburschen mit Fackeltänzen am Marktplatz. Höhepunkt am Sonntag sind der Brunnenzug, ein reichsstädtischer Gerichtstag mit authentischen Gerichtsszenen, die alten Siederstänze, die Rettung der Müllersfamilie aus der Mühle.

Wer sich in die Geschichte der Salzsiederstadt vertiefen will, hat dazu die beste Gelegenheit im Hällisch-Fränkischen Museum mit seinen hervorragenden Sammlungen aus allen Lebensbereichen – von der Vor- und Frühgeschichte bis zur Gegenwart. Zu Schwäbisch Hall gehört auch das Hohenloher Freilandmuseum in Wackershofen mit einem alten Bauernhof samt Schmiede, Gasthof, einer Theaterscheune und so weiter. Vor allem Großstadtkinder finden es höchst interessant, das Leben und Arbeiten der Waldbauern kennenzulernen.

Die Treppe der Michaelskirche in Schwäbisch Hall verwandelt sich jedes Jahr im Sommer in eine Festspielbühne, der Marktplatz mit seinen imposanten Häusern ist Kulisse und Zuschauerraum.

Das kunsthistorisch wertvollste auf Haller Gemarkung ist die Comburg – die alte Burg der Grafen gleichen Namens, die 1078 in ein Kloster umgewandelt wurde. Wie die alte Reichsstadt selbst, kam die Comburg 1802 zum Königreich Württemberg. Unter den vielen Sehenswürdigkeiten von internationalem Rang, die es in Baden-Württemberg gibt, nimmt die Comburg eine besonders hohe Stellung ein. Die majestäti-

Die Comburg – ein Juwel besonderer Art

sche Anlage, die von ihrem Inselberg über dem Kochertal weithin ins liebliche Frankenland strahlt, bietet heute noch das Bild eines befestigten Klosters aus der Blütezeit des Benediktinerordens, vergleichbar dem in die Liste des Kulturerbes der Menschheit aufgenommenen Kloster Maulbronn als Musterbeispiel für die Zisterzienserklöster. Die Kraft der Ausstrahlung dieser „Zwingburg Gottes" mit doppelter Ummauerung – Kloster und Festung zugleich – ist einzigartig und wohl kaum sonstwo in Deutschland wiederzufinden. Sie wirkt abweisend und magisch anziehend zugleich. Man wird neugierig, die Ringmauern mit dem Wehrgang zu durchschreiten, das Münster und die anderen Gebäude zu sehen und die Schätze im Inneren dieser Anlage zu betrachten. Das Münster mit seiner charakteristischen Architektur zeugt von der Kunst der berühmten Hirsauer Schule.

Wenn man durch den weitläufigen Komplex geht, wird ein Bilderbuch aufgeschlagen, das neun Jahrhunderte Baugeschichte umfaßt und die Handschrift der bedeutendsten Meister der jeweiligen Epoche erkennen läßt. Ein besonders kostbares Juwel ist der riesige romanische Kronleuchter aus vergoldetem Kupferblech mit Silbereinlagen und Niellozeichnungen (Niello = schwarze Ornamente auf Metall), der noch von der alten staufischen Ausstattung erhalten ist. Der prachtvolle Radleuchter, figurenreich verziert, versinnbildlicht die himmlische Gottesstadt. Wundervoll auch das kupfervergoldete Antependium mit getriebenen Figuren des Heilands und der Apostel.

Die gegenüberliegende ehemalige Propstei zum heiligen Ägidius, Kleincomburg genannt, wurde der Überlieferung nach im Jahre 1108 als Frauenkloster angelegt; vermutlich war sie aber das erste vorläufige Kloster der Mönche, bis die eigentliche Klosterburg fertig war. Die Säulenbasilika St. Ägidius auf der Kleincomburg ist ebenfalls ein besonders wertvolles architektonisches Kleinod. Der erhabene romanische Baustil ist unverfälscht erhalten geblieben.

Die herrliche Gottesburg wurde 1991 als Aufführungsort für Sommerkonzerte auserkoren. Der neue Zweig der reichen Schwäbisch Haller Kulturpalette hat eine Begegnung von Architektur und Musik zum Ziel – eine ideale Konzeption. Auch mit der Auswahl der Komponisten, die seitdem in den Mittelpunkt des Programms gestellt wurden, hat die Festspielleitung bewiesen, daß es ihr an dieser historischen Stätte um außergewöhnliche Kunstgenüsse geht.

Das Württemberger Frankenland heißt Hohenlohe. In diesem gottgesegneten Gebiet, dessen Antlitz entscheidend durch die Flüsse Jagst, Kocher und Tauber mit ihren Nebenflüssen geprägt wird, sitzt seit über 900 Jahren ein

Schlösser, Kunst und Wein

Adelsgeschlecht, das ihm den Namen gegeben hat: die Hohenlohe. Das Geschlecht, das gleichzeitig mit den Hohenstaufen aus dem Dunkel der Zeiten ins Licht der Geschichte trat, kam als treue Gefolgschaft der Stauferkaiser zu Ruhm. Friedrich II. ernannte sie zu Markgrafen von Apulien, Monopoli und der Romagna. In der Zeit der Ritterorden spielten sie im Deutschorden eine bedeutende Rolle. Ihre einstige Residenzstadt Mergentheim bewahrt aus jener Zeit großartige Baudenkmäler.

Außer einer verschwenderischen Fülle von Naturschönheiten hält Hohenlohe für den Gast derart viele Kunstschätze und architektonische Reichtümer bereit, daß man nicht weiß, wo anfangen und wo aufhören. Dabei gerät man gleich in eine Zwickmühle: Noch läßt der Touristenstrom viele idyllische Dörfer und trutzige Städtchen, romantische Flußtäler und stille Bachtälchen links liegen. Nur wenige haben sich zu Fremdenverkehrszentren gemausert, wie zum Beispiel Künzelsau, Langenburg, Weikersheim und Neuenstein. Und gerade in dieser selbstzufriedenen Beschaulichkeit liegt der besondere Reiz Hohenlohes. Sollte man da nicht lieber jedem, der den Zauber dieses Landes preisen will, den Finger an den Mund legen und „Pst!" rufen?

Wagen wir es trotzdem, die Aufforderung an die Leser zu richten, ins Land der Franken zu fahren. Aber nicht nur „zur schönen Sommerszeit", sondern auch im Frühling und im Herbst ist Hohenlohe wunderschön, und der Winter mit seinen besinnlichen Stunden und heiteren Festen ist gerade dort besonders reizvoll. Hoffen wir dabei, daß eine der spezifisch hohenlohischen Charaktereigenschaften – die Traditionsgebundenheit – die dort lebenden Menschen befähigt, sich nicht vom Fremdenverkehr regieren zu lassen, sondern ihn zu regieren.

Das Württemberger Frankenland Hohenlohe gehörte einst zum Ostfränkischen Reich. Erst 1806 kam es durch Napoleon zum Königreich Württemberg, und nach fast 200 Jahren bildet es immer noch eine wohlerhaltene ostfränkische Stammesinsel. Nennt man den Schwaben einen Dickschädel und Sparsamkeitsfanatiker, so ist der Hauptwesenszug des Hohenlohers das Versöhnliche, Freundliche, die Freigebigkeit und das Vergnügen am Feste feiern. Zwar dauern heute die Hochzeiten auch nicht mehr vom Donnerstag bis zum Sonntag, wie es vor Zeiten der Brauch war, aber wenn der „Schmuser", der Brautwerber, erfolgreich tätig war und eine Hochzeit zustande kommt, so biegen sich die Tische immer noch vor guten Sachen.

94

Goethes Mutter stammte von ihren Vorfahren her aus dem Hohenlohischen, und ihre Frohnatur und Lust zum Fabulieren, die ihren Sohn so entzückten, ist ein typisch fränkischer Zug. Franke – das heißt der Freie. Die Hohenloher verstanden die Freiheit stets im richtigen Sinn, und sie neideten und neiden den Adelsgeschlechtern, mit denen sie in engster Nachbarschaft leben, nicht die Burgen und Schlösser. Manche behaupten, in Hohenlohe gebe es so viel Schlösser wie anderwärts Apfelbäume. Tatsache ist, daß dort vor 600 Jahren 270 Burgen und Rittersitze standen; heute sind es ungefähr 20. Manch eine der Adelsfamilien ist inzwischen ausgestorben, aber viele leben noch auf ihren Burgen und einige können ihren Stammbaum zirka 40 Generationen zurückverfolgen. Die Herren von Stetten hoch über dem Kochertal bei Künzelsau können ihn in direkter Linie bis zum Jahr 1166 lückenlos nachweisen.

Das ist das Besondere an Hohenlohe: Die Mauern der Burgen und Schlösser sind – bis auf wenige Ausnahmen – nicht verfallen, sondern mit Leben erfüllt. Vielleicht liegt die Unversehrtheit daran, daß die Hohenloher Adelsgeschlechter zu den Bauern um sie herum stets ein gutes Verhältnis hatten.

Die romantische Straße und die Burgenstraße Das Hohenloher Land wird von Osten nach Westen durch die Burgenstraße erschlossen, die von Mannheim nach Nürnberg führt. An ihrem Weg liegen Heilbronn, Weinsberg, Öhringen, Neuenstein, Kupferzell, Braunsbach, Langenburg, Blaufelden, Schrozberg. Auch die Romantische Straße von Würzburg nach Füssen durchzieht Hohenlohe und führt den Besucher zu so zauberhaften Orten wie Bad Mergentheim, Weikersheim und Creglingen mit seinem berühmten Altar von Riemenschneider.

Tauber, Kocher und Jagst haben windungsreiche Täler eingeschnitten, und hinter jeder Schleife wartet eine neue Überraschung: eine Burg, die auf einer Bergnase thront, ein heimeliges Dörfchen mit schönen Fachwerkhäusern, eine grüne Talaue, ein schattiger Wald. Im Gebüsch der Flußtäler ist der Gesang der Nachtigall noch nicht verstummt, und auf den Wiesen und in den Wäldern kann man Blumen finden, die anderswo längst ausgestorben sind.

Kennen Sie Bad Mergentheim? Natürlich waren bereits Abertausende dort zur Kur und schwärmen von den Heilerfolgen bei Leberleiden, aber trotzdem genießt das Städtchen noch nicht die Beachtung, die es verdient. Es ist nämlich ein Juwel im Kreise der europäischen Heilbäder, eine Schönheit, deren charakteristische Züge durch eine ruhmreiche Vergangenheit geprägt wurden, in die sich die Linien einer zukunftsorientierten Gegenwart harmonisch einfügen. Die Vergangenheit dauert bis heute, sagte ein gescheiter Mann. In Bad Mergentheim reicht sie bis in die Zeit der Kreuzzüge zurück, als die Ansiedlung ins Licht der Geschichte trat. Damals begann der glanzvolle Aufstieg, der darin gipfelte, daß Mergentheim 300 Jahre lang Residenz des Hochmeisters des Deutschen Ritterordens war.

Eine Schönheit mit Vergangenheit

Die Herren von Hohenlohe, die selbst an den Kreuzzügen teilnahmen, beschenkten im Jahre 1219 den Deutschen Orden mit zwei Burgen und mit Gütern auf der Gemarkung Mergentheim, das damit eine der ältesten Ordensniederlassungen wurde. Die eine Burg verödete, die andere wurde im Laufe der Zeit so ausgebaut, wie sie heute in ihrer Weitläufigkeit die Stadt dominiert. Als der Deutsche Orden im Jahre 1525 die Marienburg und die Ordenslande in Preußen verlor, verlegte der Hochmeister seine Residenz nach Bad Mergentheim. So spinnen sich die Fäden der Geschichte von dem Ort im Taubergrund bis hinauf nach Ost- und Westpreußen, zu den Stadtgründungen Thorn, Kulm, Marienwerder, Elbing, Königsberg und zu Herzog Konrad von Polen, der den Deutschen Orden als Stütze gegen die nichtchristlichen Preußen ins Land rief. Dieser dritte christliche Ritterorden war 1190 während der Belagerung von Akka (heute Akko/Israel) gegründet worden, um den deutschen Kranken ein Hospital als Zuflucht zu schaffen. Erst unter Hermann von Salza (1210–1239) gewann er seine große politische Bedeutung.

Die Wiederentdeckung der Quellen Die Regierung der Hoch- und Deutschmeister, die mächtige Reichsfürsten waren, dauerte in Mergentheim bis zum Jahre 1809. Auf Geheiß Napoleons wurde der Ordensbesitz trotz heftigen Widerstands der Bevölkerung dem Königreich Württemberg einverleibt und der Sitz des Hochmeisters nach Wien verlegt. Was glauben Sie, wie entrüstet ein Österreicher die Behauptung zurückweisen würde, daß das berühmteste österreichische Regiment, die Hoch- und Deutschmeister, seinen Ursprung in Bad Mergentheim hat, und doch ist es wahr.

Das Schicksal der blühenden Ordensresidenz schien es zu sein, fürderhin nur noch von einer großen Vergangenheit zu träumen. Doch da entdeckte im Jahre 1826 Franz Gehrig, Schäfer des Johanniterhofes, die Mergentheimer Heilquellen wieder, die völlig in Vergessenheit geraten waren. Umsicht und Wagemut

Das Schloß in Bad Mergentheim
war einst Residenz des Deutschen
Ordens, heute ist darin ein Museum
zur Geschichte des Ritterordens
und der Stadt untergebracht.

halfen zu stetigem Aufbau, weitere Quellen wurden erschlossen. Zuletzt kam im Jahre 1955 eine stark konzentrierte, kohlensäurereiche Sole hinzu, die für Badezwecke zur Verfügung steht. Auch im hervorragend ausgestatteten Badepark Solymar mit Erholungs- und Sporteinrichtungen für die ganze Familie (u.a. ein Wellenbad) speist sie eines der Becken. Die Glauber- und Bittersalzquellen in drei verschieden starken Zusammensetzungen sind zur Vorsorge und Behandlung von Stoffwechselstörungen, bei Übergewicht, chronischer Verstopfung, Krankheiten der Leber, der Galle, des Magen-Darm-Traktes und der Zuckerkrankheit angezeigt.

Mörike als Kurpropagandist An der schönen Brunnenanlage im neuen Kurzentrum steht folgender Spruch:

> *Wer müd vom Leben oder krank,*
> *Dem ist zu helfen Gott sei Dank,*
> *Wenn er sich kann vergunnen*
> *Den Mergentheimer Brunnen. E. M.*

97

E. M. – das heißt Eduard Mörike. Der Dichter war Bad Mergentheims berühmtester Kurgast. Nachdem er wegen Kränklichkeit sein Pfarramt in Cleversulzbach aufgegeben hatte, zog er sich 1845 nach Mergentheim zurück. Der Brunnen, den er sich vergönnte, tat ihm so gut, daß er 1851 nach Stuttgart übersiedeln und eine Lehrstelle am Katharinenstift annehmen konnte.

Viele der entzückenden Gedichte Mörikes entstanden in Bad Mergentheim, und wer heute das liebevoll renovierte Haus mit des Dichters Wohnung in der Austraße 40 sieht und sich an der neuen Fußgängerzone und all den anderen sorgfältig instandgesetzten Gebäuden erfreut, am prachtvollen alten Rathaus (1564), an den Schätzen im Deutschordensmuseum (das ist ein Zweigmuseum des Württembergischen Landesmuseums ist), an den Madonnen in verträumten Winkeln, der versteht, daß diese Stadt im Madonnenländchen Maler und Lyriker inspirierte.

Maler, Madonnen und Lyriker: Sie erinnern daran, daß Bad Mergentheim am Treffpunkt dreier Ferienstraßen liegt, es sind dies die Romantische Straße, die Schwäbische Weinstraße und die Schwäbische Dichterstraße. Sie laden zu herrlichen Spaziergängen und Ausflügen ein, zu Kostproben der köstlichen Frankenweine, zum Genuß großartiger Kunstschätze und zur Besichtigung von Burgen und Schlössern.

Langweilig wird es einem in Bad Mergentheim nicht. Da kann man zum Beispiel Tafeln an bemerkenswerten Häusern lesen, die Auskunft über dies und jenes geben, auch über einen Aufenthalt Beethovens, der als ganz junger Musiker in der Hofkapelle spielte und dem dort seine große Zukunft prophezeit wurde. Mit einem Empfehlungsschreiben des Deutschordens-Hochmeisters (Komtur) ging er von Bad Mergentheim nach Wien.

Die Stadt nimmt den Besucher sofort für sich ein. Da spürt man den Odem der großen Geschichte – aus jenen Tagen, als die Komturen, die Träger der geistlichen Macht im Mittelalter, namhafte Baumeister und Künstler riefen, um ihre Residenz auszuschmücken. Der Marktplatz, durch den die „Kaiserstraße" von Mergentheim über Blaufelden nach Crailsheim führt, mutet ganz südländisch an; die schönen altfränkischen Fachwerkhäuser, die herrliche Schloßkirche und das Residenzschloß der Hochmeister sind architektonische Juwele. Die berühmte Wendeltreppe im Schloß, ein Werk von Blasius Berwart, gilt als die schönste Renaissancetreppe, und der Künstler, der das Barockjuwel der Schloßkirche geschaffen hat, ist der geniale Balthasar Neumann aus Eger, der das nahe Würzburg mit seiner Kunst geprägt hat. Kein Wunder, daß sich Eduard Mörike so viele Jahre in Mergentheim wohlfühlte.

Von dieser Stadt aus wanderte er in die lieblichen Täler hinein. Er hatte auf seinen Spaziergängen oft nur zwei Kreuzer in der Tasche, aber sie genügten, um in einem gemütlichen Dorfgasthof einzukehren und sich einen Schoppen

Wein zu seinen mitgebrachten Wecken zu kaufen. Der Anblick der saftigen Wiesen und fruchtbaren Felder, der blühenden Obstbäume und der trauben-behangenen Rebhänge, aus denen immer wieder alte Kirchlein herausragen, inspirierte ihn zu manchem wunderschönen Gedicht. Die humorvoll plaudern-den, innigen Verse seiner Lyrik und die oft herzergreifenden Sätze seiner Er-zählungen sind ein Spiegelbild der Seele Hohenlohes. Sie verströmt Innerlich-keit bei aller weltoffenen Aufgeschlossenheit. Nicht umsonst ist die Madonna die Schutzheilige Hohenlohes, des „Madonnenländchens". Unzählige Kirchen sind der „Lieben Frau" gewidmet. Auch die kleine Wallfahrtskirche in Lauden-bach im Vorbachtal, die Mörike besungen hat:

> *O liebste Kirche sondergleichen*
> *Auf deinem Berge ganz allein*
> *Im Wald, wo Linden zwischen Eichen*
> *Uns im Chor den Maienschatten streun.*

Die fränkische Marienverehrung hat uns Kunstwerke geschenkt, die zu unse-rem kostbarsten Besitz gehören. Tilman Riemenschneider hat die Muttergot-tes unvergleichlich seelenvoll in Lindenholz geschnitzt. Die Herrgottskapelle, die diesen Schatz bewahrt, steht unweit von Weikersheim in Creglingen, das sich mit seinem Schloß, den Wehrtürmen und der mittelalterlichen Steinbrücke an einen Hang des Taubertales klammert. Der Bach, der dort in die Tauber fließt, heißt Herrgottsbach. Das zweite weltberühmte Kunstwerk ist die Madonna von Grünewald in Stuppach, ebenfalls nicht weit von Mergentheim.

Hohenlohe ist das Land der Burgen und Schlösser: eine Vielzahl dieser Anlagen haben sich erhalten und können heute von Besuchern bewundert werden. Nahe bei Mergentheim liegt die bezaubernde Residenz Weikersheim.

Residenzen wie im Märchenbuch

Die malerischen Häuser aus der Renaissance- und Barockzeit, die engen, winkeligen Gassen, der herrliche Schloßbau mit dem südlichen Charme seines Parkes und die Lage an der Einmündung des Vorbachtals machen Weikersheim zum Musterbeispiel einer kleinen Residenz. Ein Juwel ist auch Schloß Neuenstein bei Öhringen. Der mächtige Bau, der sich stimmungsvoll im Wasser des Schloßgrabens spiegelt, birgt ein mit großem Geschick aufgebautes Familienmuseum der Hohenlohe.

Bartenstein ist ein weiteres entzückendes Kleinod im Schatz der Hohenloher Residenzen. Es liegt in einem verträumten Winkel einen Kilometer von der alten Kaiserstraße entfernt. Der Zauberstab einer Fee scheint die Uhren Bartensteins gleichzeitig in der Zeit des Barocks und in der Gegenwart pendeln zu lassen. Man fühlt sich wie in einem Freilichtmuseum des sinnesfreudigen heiteren Baustils aus dem Ende des 18. Jahrhunderts. Das Schloß, die Kirche, das ganze Städtchen mit seinen Toren und Brunnen, der Park mit den geschnittenen Hecken und dem Pavillon bilden die perfekteste Einheit. Im Gegensatz zu Niederstetten, das in den letzten Kriegswirren des Jahres 1945 viel Unersetzliches verloren hat, ist Bartenstein gottlob erhalten geblieben.

Die gleiche vollkommene Harmonie von Menschenwerk und Natur zeichnet das Kloster Schöntal an der Jagst aus, auf das an anderer Stelle näher eingegangen wird. In Schöntal haben viele Berlichingen ihre letzte Ruhestätte gefunden, auch der berühmte Ritter Götz mit der eisernen Hand. Die Reihe der Schlösser und Burgen nimmt kein Ende: Das rosenumrankte Schloß Stetten im Kochertal mutet wie ein Realität gewordenes Dornröschenschloß an, und das Burgstädtchen Vellberg an der Bühler, einem Nebenfluß des Kochers, könnte sich die kindliche Phantasie nicht schöner ausmalen. Die Bergfeste mit ihren Wehranlagen, Kasematten und unterirdischen Wehrgängen stammt aus dem 15., ein Schloßbau aus dem 16. Jahrhundert. Die Kirche aus dem 14. Jahrhundert ist reich an Kunstschätzen. Das innere Städtchen ist mit einer Mauer umgeben, die zauberhafte Fachwerkhäuser einfriedet. Das alles ist derart anmutig und malerisch, daß es schwerfällt, nicht an eine Theaterszenerie zu glauben. Waldenburg mit seinen fast völlig erhaltenen Wehrmauern, Bollwerken, Gräben, Brücken, Türmen steht ihm kaum nach; ebensowenig Kirchberg in pittoresker Lage auf einer von der Jagst umflossenen Berginsel.

Und Neuenstadt im Kochertal, etwa im Jahr 1400 erbaut. Naseweis nimmt es die Bergzunge am Zusammenfluß von Brettach und Kocher ein und ist natürlich ebenfalls zum Teil von Mauern umgeben. Außer Stadtkirche, Schloß und

anderen Sehenswürdigkeiten ist der Stolz von Neuenstadt eine uralte Linde. Sie soll älter sein als das Städtchen selbst. Ihr weites Blätterdach über-

zieht einen ganzen Platz. Herzog Christoph hat bereits 1558 eine Brüstungsmauer um sie herum bauen lassen, und ungefähr 100 Säulen stützen die Äste. Einige dieser Steinsäulen stammen noch aus der Zeit vor Herzog Christoph, meist sind die Namen der Stifter und ihre Wappen angebracht.

Kein Dorf in Hohenlohe scheint ohne jahrhundertealte Kirche oder Friedhofskapelle, ohne Schloß, Burg, Stadtmauer und Kunstschätze auszukommen. Und seien es nur wunderschöne Alabasterschnitzereien in den Kirchen. Selbstverständlich auch Öhringen nicht, die „Hauptstadt" Hohenlohes. Öhringen bewahrt viele Zeugen aus seiner Geschichte. Es steht auf römischem Boden (in der Gegend verlief ja der Limes). Im 11. Jahrhundert legte die Kaiserinmutter Adelheid, Stammutter der Salier und Staufer, mit einem geistlichen Stift den Grundstein zur heutigen Stadt.

Unter der ganzen Länge des Öhringer Schlosses zieht sich ein Weinkeller hin, in dem der berühmte Verrenberger reift. Auch der Dichter Lenau hat sich dort unten verewigt. Er fühlte sich im Hohenlohischen besonders wohl.

In Baden-Württemberg gibt es – außer den großen, international erstrangigen – Museen für alles und für jeden. Ich erwähne nur folgenden winzigen Teil: Im Schloß Mochental bei Ehingen/Donau ist das einzige Besenmuseum

Museen für alles und jeden

der Welt untergebracht, ein Sensenmuseum gibt es im südbadischen Achern, ein Osterei-Museum in Sonnenbühl-Erpfingen auf der Schwäbischen Alb und im fränkischen Creglingen unter anderem ein Fingerhutmuseum. Letzteres liegt gegenüber der Herrgottskirche mit dem weltberühmten Schnitzaltar von Tilmann Riemenschneider. Zirka 1 200 Fingerhüte aus aller Welt von der Antike bis heute und aus den verschiedensten Materialien, teilweise mit Diamanten besetzt, kann man bewundern. Auch der Verein der Deutschen Fingerhutfreunde hat dort seinen Sitz, und es ist der Ort, wo noch heute kunstvolle Fingerhüte zu Sammlerzwecken hergestellt werden und zu kaufen sind.

Im Creglinger Museum gibt es auch ein Informationsblatt zur Geschichte des Fingerhutes. Schon seit Urzeiten waren die Menschen bemüht, ihre Finger zu schonen, wenn sie die dicken Felle, mit denen sie sich damals bedeckten, irgendwie passend machen mußten. Röhrenknochen mit Vertiefungen, Holz- und Hornringe, Steine mit einer Vertiefung und ähnliche Dinge fand man als Grabbeigaben. Um Christi Geburt wurden im Mittelmeerraum schon Fingerhüte aus Bronze mit einer Lochbohrung hergestellt. Fingerhüte verwendete die Heilige Hildegard von Bingen bereits um 1150. Im 15. Jahrhundert gab es eine Zunft der Fingerhüter in Nürnberg, und solche Meister durften die Stadt nicht verlassen, um das Geheimnis der Herstellung nicht auszuplaudern. Abraham a Sancta Clara und Hans Sachs erwähnten Fingerhüte.

Überspringen wir einige Jahrhunderte und kommen wir zum schwäbischen Silberschmied Ferdinand Gabler in Schorndorf, der sich im „Schwäbischen Merkur" 1824 als Fingerhutfabrikant vorstellte. Ihm gelang es als Tüftler, eine Einwalzmaschine zu konstruieren, und seine Spezialfabrik deckte zeitweise 95 Prozent des Weltbedarfs an Fingerhüten. 1963 wurde die Gablersche Fabrik durch Helmut Greif in Winterbach übernommen, im November 1966 ist sie durch Brandstiftung zerstört worden.

Konservierte Vergangenheit Im Gemeindegebiet von Creglingen war früher der Flachsanbau weit verbreitet. Inmitten einer ehemaligen keltischen Stadtanlage wurde das Gebäude einer früheren Flachsbrechhütte mit Originalwerkzeugen zum Museum umgebaut.

Die Entwicklung des Feuerlöschwesens über die Jahrhunderte ist im Feuerwehrmuseum Waldmannshofen dokumentiert. 3 000 Exponate haben sich in den 20 Jahren seit seiner Gründung angesammelt.

Das Steinachtal wird oft als schönstes Seitental der Tauber bezeichnet. Zuerst umfließt die Steinach das Areal des ehemaligen Zisterzienserinnenklosters beim Stadtteil Frauental. Das Kloster und das kleine Dörfchen liegen in so herrlicher Abgeschiedenheit und Ruhe, daß sich allein dafür eine Fahrt nach Hohenlohe lohnen würde. Die in ihrer Schlichtheit ungemein eindrucksvolle Klosterkirche ist noch erhalten und birgt das Museum „Vom Kloster zum Dorf". Es ist täglich geöffnet.

Bäuerliche Arbeitsgeräte aller Art, ebenfalls aus vielen Jahrhunderten, sind im Fuchshofmuseum zu bewundern. Zwei Kilometer weiter in diesem Tal hat man von einer der wichtigsten Stammburgen des Adelsgeschlechts derer von Hohenlohe einen wunderbaren Blick ins Steinachtal.

In einem Radius von 50 Kilometern finden sich zirka 35 Museen, Schlösser und sonstige Sehenswürdigkeiten. Zusätzlich bieten die Städte Würzburg, Tauberbischofsheim, Bad Mergentheim und die Nachbargemeinden Weikersheim und Rothenburg ob der Tauber eine Fülle von Sehenswertem.

In milden Spätsommer- und Herbsttagen ist die Schwäbisch-fränkische Weinstraße ein besonders schönes Ziel für Wanderungen. Die Route ist in fünf Etappen eingeteilt, von denen man natürlich auch nur einzelne auswählen

Schwäbisch-fränkische Weinreise

kann. Jede führt durch eine wunderschöne Landschaft und vermittelt ein Stück Heimatkunde und Kenntnisse rund um den Württemberger Wein – so zwanglos und einprägsam, daß die ganze Familie Freude daran hat. Beginnen wir mit der Etappe durchs Taubertal, genauer gesagt, durch jenen Teil des Taubertales bei Bad Mergentheim, der im Jahre 1809 zu Württemberg kam. Die Kurstadt ist der Ausgangspunkt. Die Besichtigung des Riemenschneideraltars und der Stuppacher Madonna in Creglingen sollte eingeplant werden. Aber die Hauptsache ist dieses Mal die Teilgemeinde Markelsheim. Dieser idyllische Ort kann den Anfang des Weinbaus urkundlich für das Jahr 1096 nachweisen – Müller-Thurgau, Silvaner, Kerner, Riesling und Schwarzriesling werden in Markelsheim erzeugt; bei einer Wanderung auf dem Weinlehrpfad kann man sich über die Biologie der Rebe, die Arbeit im Weinberg und die Weingeschichte im Taubergrund informieren.

Kunst und Wein in Weikersheim Kulturgeschichte des Weins und Kunstgeschichte kann man in bester Form ebenso in Weikersheim an der Romantischen Straße studieren. Die Gemeinde besitzt mit der spätgotischen Stadtkirche, dem Justitia-Brunnen im Rokokostil am Marktplatz und dem prächtigen Renaissanceschloß mit dem herrlichen Park Kunstwerke von höchstem Rang. Die Fürsten von Hohenlohe-Weikersheim haben bei der Entwicklung des Weinbaus in diesem Land seit jeher eine bedeutende Rolle gespielt. Wie sehr sie sich als Weingärtner fühlten – und noch fühlen – zeigt auch ein skurriles Denkmal in der berühmten Gnomengalerie im Schloßpark, das einst ein humorvoller Fürst seinem Kellermeister Simon Rosenbusch setzen ließ. Eine Sehenswürdigkeit Weikersheims, die sich besonders Familien mit Kindern nicht entgehen lassen sollten, ist das Forstmuseum mit Wildgehege auf dem Carlsberg, der nach dem Weinbauförderer Carl Ludwig von Hohenlohe-Weikersheim benannt ist.

Mit Mörike im Vorbachtal Als nächste Station sei Niederstetten erwähnt. Der Hauptort des Vorbachtals mit der mächtigen Festung Haltenbergstetten hat einen erstklassigen Wein, „Schafsteige" genannt. Pate stand dafür anstatt einer Festung oder des Burgherrn ein großer Schafhof; vielleicht deshalb, weil der Burgherr während des Bauernkriegs die Rebellen aus dem Dorf auf eine besondere Weise schachmatt gesetzt hatte: Er kredenzte ihnen so viel Wein, daß sie zum Sturm auf die Festung nicht mehr fähig waren.

Von Niederstetten aus bieten sich schöne Weinwanderungen auf den Spuren des Dichters Eduard Mörike in die Ortsteile Wermutshausen, Vorbachzimmern und Oberstetten an.

Abt Knittel und seine Verse So populär wie Ritter Götz wurde auch der Winzersohn und nachmalige Abt des Klosters Schöntal, Benedikt Knittel. Literaturbeflissene kennen die Knittelverse des Abts, der sich um geschliffene Versmaße nicht kümmerte. So wird wenigstens behauptet. Liest man allerdings das folgende Gedicht, wird man eines Besseren belehrt – besonders wenn man sich vor Augen führt, was heutige Poeten oft als Gedichte ausgeben.

> *Der Frühling nährt die Bronnenquellen,*
> *Der Herbst der Fässer Fontanellen.*
> *Gott wolle soviel Most*
> *Als allgemeinen Trost*
> *Als nötig uns jährlich schicken,*
> *Mit Lebensmitteln uns stets erquicken.*

So reimte der Abt seligen Angedenkens, der – noch dazu als Wengertsohn – bestimmt ein trinkfester Mann gewesen ist. Er war auch ein hervorragender Baumeister, nicht nur ein fachmännischer Herr über das Rebland seines Klosters, in dessen Kreuzgang Götz von Berlichingen begraben ist.

Dörzbach, wo das Geschlecht derer von Berlichingen bis vor 300 Jahren herrschte, nennt seinen edelsten Tropfen verheißungsvoll „Mirakel", und in Möckmühl, das Ritter Götz vor rund 500 Jahren als Amtmann verwaltete, sind es die Weine von den „Ammerlanden", die man in romantisch mittelalterlicher Umgebung verkosten kann. Wahrscheinlich heißen sie so, weil das Anbaugebiet zum Besitz des Klosters Amorbach gehörte.

Künzelsau mit seinen entzückenden Wirtshausschildern in der Schnurgasse, wo heimelige Gaststätten winken, verlockt zu einem Abstecher in den Ortsteil Belsenberg. Weinliebhaber folgen dem weißen Kelch auf blauem Grund, dem Zeichen für reizvolle Einkehr; Naturliebhaber machen einen Ausflug ins Deubachtal, um Orchideen zu bewundern. In Ingelfingen werden sich vor allem Weißweinfreunde an köstlichen Tropfen laben. Berühmt ist der dortige Silvaner. Der Ortsteil Criesbach ist mir persönlich deshalb in besonders guter Erinnerung, weil die Criesbacher Kocherperle der erste Württemberger Wein war, den ich getrunken habe. Zur Heimatkunde gehört hier, daß in Criesbach im Jahre 1770 eine Brücke mit fünf Bögen aus Muschelkalk gebaut worden war. Nach der unsinnigen Zerstörung im Frühjahr 1945 wurde die berühmte Brücke historisch genau wieder aufgebaut. Für geschichtlich interessierte Wanderer ist auch das Hügelgräberfeld aus der Bronzezeit eine Besichtigung wert.

Kasimirle, Margarete, Gäwele und Schwobajörgle Während die Ingelfinger mit dem „Kasimirle" einem fürstlichen Förderer ein Weindenkmal setzten, ist es kocherabwärts in Niedernhall beim „Distelfink" der Schildbürgerstreich eines Bürgermeisters gewesen, der wegen eines entflogenen Hausgenossen die Stadttore schließen ließ. Im Klosterkeller, der von Abt Knittel gebaut wurde, trinkt man einen vorzüglichen Müller-Thurgau, der „Abt Knittel" heißt. Im gemütlichen Weinstädtchen Forchtenberg wäre die zweite Etappe der Weinreise zu Ende.

Die dritte Etappe muß man sich etwa entlang der Autobahn Heilbronn-Nürnberg vorstellen. Sie berührt zum Beispiel die Rebregion an der Burgenstraße und um Neuenstein. Die Neuensteiner Ortsteile Eschelbach und Kesselfeld teilen sich die Lage „Schwobajörgle", Obersöllbach und Michelbach sind stolz auf ihre „Margarete", einen Silvaner bester Sorte, der mit seinem Namen die tüchtigen Weingärtnersfrauen ehrt. In Öhringen-Michelbach ist man in der Heimat des Revierförsters Gäwele angelangt, von dem knitze und zahlreiche witzige Schnurren überliefert sind.

Die vierte Etappe führt durchs Weinsberger Tal, von wo die Obersulmer Weine und die aus Affaltrach erwähnt seien. Heimatkunde fürs Auge vermitteln nicht nur bekannte Ziele wie zum Beispiel die Weibertreu, sondern auch im Obersulmer Ortsteil Eschenau zwei alte Keltern und ein Renaissanceschloß, das von Leopold Retti, dem Erbauer des Stuttgarter Neuen Schlosses, umgebaut wurde.

Der Breitenauer See ist ein Staubecken zum Schutz der Reblagen vor Hochwasser. Unterhalb der Löwensteiner Bergnase bietet Lehrensteinsfeld edle Tropfen in einer anmutigen Landschaft. Der dortige Weinbau kann auf eine tausendjährige Rebkultur zurückblicken. Auch die Löwensteiner Berge mit ihren idyllischen Ortschaften sind immer einen Ausflug wert.

O je, nun habe ich mich wieder verplaudert und es bleibt kein Platz mehr für die Weinmetropole Heilbronn und die beliebten Sorten aus dem württembergischen Unterland. In Neckarsulm wurde bereits 1834 mit dem Weingärtnerverein der Grund für die wohl älteste deutsche Weingärtnergenossenschaft gelegt, und in Gundelsheim bewirtschaftet den größten Teil der bekannten Lage „Himmelreich" die renommierte, von König Wilhelm I. von Württemberg gegründete Weinsberger Weinbauschule.

Wer Gartenzwerge liebt und den Mut hat, sich zu ein bißchen Kitsch zu bekennen, sollte nach Hohenlohe fahren und in Rot am See das „Erste Deutsche Gartenzwergmuseum" besuchen. Den Ort erreicht man über die Autobahn

Das Zwergenreich

Heilbronn-Nürnberg, Ausfahrt Kirchberg. Die ganze Gegend ist ein idyllisches Ausflugsziel. Die Städtchen – manche wurden noch kurz vor Kriegsende sinnlos zerstört – haben sich in den vergangenen Jahren wieder fein herausgeputzt und sehen allesamt aus, als seien sie Illustrationen eines Märchenbuchs. In vielen Orten sind Museen eingerichtet worden, die ungewöhnliche Sammlungen zeigen – wie das Gartenzwergmuseum.

Dieses Museum wurde am 3. Oktober 1991 zur Feier des ersten Jahrestags der Deutschen Einheit eröffnet, gegründet hat es Günter Griebel, dessen Geburtsort Gräfenroda in Thüringen ist. In Griebels Adern fließt sozusagen Zwergenblut; Zwerge waren seit seiner frühesten Jugend die liebsten Spielgefährten des Kindes. Schon sein Urgroßvater Philipp Griebel stellte seit 1874 in Gräfenroda im eigenen Betrieb Tierfiguren aus Terrakotta her und war um 1880 einer der Väter der deutschen Gartenzwergproduktion in industrieller Fertigung. Philipp Griebel hat mehrere internationale Preise für seine liebenswerten Geschöpfe erhalten, zum Beispiel in Chicago. (Vermutlich dort, weil Chicago zu jener Zeit noch eine überwiegend deutsche Stadt war.)

Sagen mit wahrem Kern? Die Geschichte der Gartenzwerge reicht Jahrtausende zurück. Wer kennt nicht das Märchen vom Schneewittchen und den sieben Zwergen, die Geschichte vom Zwerg Nase oder vom Rumpelstilzchen, das sich freut, daß niemand weiß, wie es heißt; oder von den Heinzelmännchen, die fleißigen Menschen während deren Nachtruhe die Arbeit verrichten? In der Renaissance- und Barockzeit gehörten Zwerge zum Hofstaat der Fürsten. Steinskulpturen von Zwergen und Gnomen zierten die Parks und Schlösser. Man braucht nur an Schloß Weikersheim und an den Mirabellgarten in Salzburg zu denken. In der Umgebung der oberitalienischen Stadt Vicenza, die wegen ihrer Palladio-Bauten berühmt ist, steht in einem herrlichen Park die „Villa dei Nani", das Landschloß der Zwerge. In „Hermann und Dorothea" schrieb Goethe ebenfalls von farbigen Zwergen in einem Vorgarten. Da ist es nur eine logische Folge, daß sich Wissenschaftler ernsthaft des Zwergenthemas annehmen, „Fach-Nanologen" heißen die Leute, die auf diesem Gebiet besonders viel wissen. Günter Griebel ist ein Fach-Nanologe, und sein Vater, der während der Teilung Deutschlands nach der Flucht aus Thüringen hier mit der Gartenzwergherstellung begonnen hat, war auch einer vom Fach. Professor Heinrich Quiring von der Technischen Universität Berlin-Charlottenburg, ein angesehener Chemiker und Bergbaufachmann, beschäftigte sich in seiner „Geschichte des Goldes", die 1946 im Enke-Verlag, Stuttgart, erschienen ist, als erster Wissenschaftler mit den besonders engen und niedrigen Bergbaustollen, die in Osteuropa, Thüringen und im Harz gefunden wurden. In diesen Bergwerkstollen hat man auch extrem kleine Kreuzhaken aus Kupfer entdeckt. Dies alles gab Rätsel auf und beflügelte die Phantasie der Bewohner jener Gegenden zu örtlichen Sagen. Vielfach wurde angenommen, in den Stollen hätten Kinder unter Tage menschenunwürdig schuften müssen.

Professor Quiring gab sich mit Vermutungen nicht zufrieden; er verfolgte die Spuren wissenschaftlich zurück bis zu den Anfängen des Bergbaus und fand heraus, daß besonders kleine Menschen – er gebrauchte das Wort Zwerge – die winzigen Stollen gegraben hatten. Nach seinen sorgfältigen Untersuchungen waren vor 3500 Jahren auf der griechischen Insel Kreta die Goldminen erschöpft, und die Bergleute, die dort gearbeitet hatten, seien nun immer weiter ins nördliche Europa gewandert, um auf ihrem Fachgebiet Arbeit zu suchen. (Wer heutzutage auf der Insel Kreta seinen Urlaub verbringt, unternimmt ja meist einen Ausflug nach Knossos, um den prachtvollen Palast des mythischen Königs Minos zu besichtigen, und er wird im Museum die wunderschönen goldenen Fundgegenstände sehen.)

Wie man weiß, waren in früheren Zeiten die Menschen viel kleiner als heute, und wenn jemand damals noch kleiner war als seine Mitmenschen, muß er wirklich „zwergenhaft" gewesen sein. Als scheu, fleißig, wieselflink und abgesondert von anderen für sich lebend werden in den Märchen die Zwerge bezeichnet – das paßt doch gut zu Schneewittchen und den sieben Zwergen, die hinter den sieben Bergen zu Hause waren.

Die rote Zipfelmütze Wie kommt es aber, daß Zwerge immer eine rote Zipfelmütze tragen? Nach unserem gelehrten Herrn Professor Quiring gehörten den Bergbautrupps aus Kreta, die auf Wanderschaft gingen – wie Zunfthandwerker bis fast in unsere Zeit – ausgesucht kleine Menschen an, um sich in den winzigen Stollen bewegen zu können. Ihre Kopfbedeckung, die sie beim Bergbau trugen, war eine Mütze, wie sie vor Jahrtausenden das Volk der Phryger trug. Diese Mütze der kleinen Bergleute war sozusagen ein Schutzhelm: der Zipfel diente als eine Art Antenne, eine Warnung vor der Gefahr, und die rote Farbe hatte Signalwirkung für die anderen emsigen Bergleute unter der Erde: Achtung, ich komme! So lautet die Erklärung des Professors.

Der vielgeliebte deutsche Gartenzwerg, der Zeit und Raum überdauert und sich manchmal selbst ein wenig auf den Arm nimmt, hat also eine sehr lange Geschichte und kann über die schnelle Vergänglichkeit manch moderner Fabrikate nur lächeln. In Rot am See besteht die einzigartige Gelegenheit, sich in seine Geschichte zu vertiefen.

Kürzlich war ich in Jagsthausen bei den Burgfestspielen, um wieder einmal „Götz von Berlichingen" so zu sehen, wie ihn Goethe geschrieben, und nicht, wie ihn irgendein moderner Theatermann „umfunktioniert" hat. Ich hatte ab-

Auf Götzens Spuren

sichtlich eine Aufführung für Schüler gewählt, denn ich wollte sehen, wie heute Jugendliche auf einen im Sinne des Dichters aufgeführten Klassiker reagieren. Der Hof der Götzenburg bietet rund 1000 Zuschauern Platz, und mindestens 80 Prozent waren Schüler. Am Anfang war ein schrecklicher Krach. Einige Jugendliche meinten, durch schlechtes Benehmen auf sich aufmerksam machen zu müssen. In der Pause erklärte dann der hervorragende Götz-Darsteller Friedrich Schütter, die Vorstellung werde so lange unterbrochen, bis die Störer den Hof verlassen hätten. Brausender Applaus der Zustimmung durch die Mehrzahl der Schüler war die Antwort, und von da ab verfolgten sie mit wachsender Aufmerksamkeit Goethes Schauspiel.

Es ist faszinierend, „Götz von Berlichingen" an dieser Stätte zu sehen. Seit der Gründung der Festspiele im Sommer 1950 füllte über eine Million Besucher die Tribüne. Fast tausendmal wurde Goethes „Götz von Berlichingen" aufgeführt. Wolf-Götz Freiherr von Berlichingen hatte seine Idee mit Jagsthausener Bürgern verwirklicht, und die Jagsthausener sind bis heute als begeisterte Laienspieler neben den in den Hauptrollen agierenden Berufsschauspielern bei der Sache. Sie freuen sich schon heute auf das 50 jährige Jubiläum, das 1999 gefeiert wird.

Perlen im Jagsttal Wenn man dieser saft- und kraftstrotzenden Gestalt des alten Raubritters und Bauernhauptmanns auf der Freilichtbühne in Jagsthausen begegnet, überkommt einen die Lust, auch andere Burgen und Orte an Jagst und Kocher zu sehen, die mit dem Namen Gottfrieds von Berlichingen verbunden sind. Geboren wurde er in Jagsthausen, mit größter Wahrscheinlichkeit im Jahre 1480. Jagsthausen diente der Familie von Berlichingen damals schon als Hauptsitz; vorher war die Stammburg – ein kleines Steinhaus – bis zum 15. Jahrhundert im benachbarten Berlichingen gewesen, das heute ein Teilort von Schöntal ist.

Wenn man von Jagsthausen durch die Wiesen hinüberwandert und die herrliche Barockkirche des bereits im Jahre 1157 gegründeten Klosters Schöntal inmitten der lieblichen Landschaft sieht, hält man unwillkürlich den Atem an: die steinerne Jagstbrücke mit der Statue des Heiligen Nepomuk, dahinter die Klosteranlage. Die Kirche wurde nach Plänen von Johann Leonhard Dientzenhofer gebaut, der Hochaltar stammt von Johann Michael Fischer.

Ein Kleinod ist auch die Neue Abtei mit dem prachtvollen Treppenhaus. Fachwerkhäuser, kleine Kirchen, verträumte Weiler. Besonders bezaubernd liegt

das Wallfahrtskirchlein Neusaß, das man in wenigen Minuten Fußmarsch vom Kloster aus erreicht.
Im Kloster Schöntal schließt sich der Kreis der
Spuren des Ritters mit der eisernen Hand. Er starb
am 23. Juli 1562 auf seiner Burg Hornberg; seine
Begräbnisstätte befindet sich, wie schon erwähnt,
in der Klosterkirche Schöntal.

Ein reizender Ort, dem Götz allerdings keine so schönen Seiten abgewinnen
konnte wie wir heutigen Besucher, ist die ehemalige Salzstadt Niedernhall. In
dem idyllischen Städtchen am Kocher, das von einer fast völlig erhaltenen 700
Meter langen Stadtmauer mit Wehrgang, Türmen und Toren umgeben ist,
sollte 1490 der kleine Gottfried in die Gelehrsamkeit eingeführt werden; er
hielt es aber nur etwa ein Jahr lang aus, denn er hatte keine „Lust zur Schule".
Das prachtvolle „Götzenhaus" in Niedernhall war nicht das damalige Schulhaus, denn es wurde „erst" 1564, zwei Jahre nach Götzens Tod, erbaut.

Eine Sehenswürdigkeit ist auch die Niedernhaller Kelter. Sie wurde 1713 vom
Kloster Schöntal unter seinem Abt Benedikt Knittel erbaut. Die Kelter ist 45
Meter lang und 16 Meter breit, ein Raum ohne Pfeiler mit freitragendem Dach,

in reiner Holzkonstruktion. Sie genügt noch heute allen Ansprüchen. Beim Weinfest finden 1 000 Personen darin Platz. In diesem imposanten Bau schmeckt einem der „Niedernhaller Distelfink" nochmal so gut. Zu der Idylle paßt auch das 1540 hoch über dem Ort erbaute Jagdschloß Hermersberg mit prächtigen Stuckarbeiten im Rittersaal. Es ist von über 1 000 Hektar herrlichen Buchenwäldern umgeben. Noch viel älter ist die Laurentiuskirche in Niedernhall, sie stammt etwa aus dem Jahr 1200 und birgt wertvolle Kunstwerke.

Die eiserne Hand Nach Gelehrsamkeit gelüstete es den Götz also nicht, dafür hatte er um so mehr Lust zur Reiterei, und so wurde er ein Kriegsmann. Als solcher nahm er am Erbfolgekrieg zwischen Bayern und der Kurpfalz teil, in dem es um den Nachlaß des Herzogs Georg des Reichen von Bayern-Landshut ging. Bei der Belagerung von Landshut verlor Götz durch einen Unglücksfall im Juni 1504 seine rechte Hand. Auf dem neunmonatigen Krankenlager sann er selbst jene eiserne Hand aus, die in Ulmschneiders „Leben eines fränkischen Ritters" so beschrieben wird: „Ein Meisterwerk der Mechanikerkunst und in der Geschichte der Orthopädie epochemachend in der Prothesenentwicklung". Götz konnte mit der Linken die beweglichen Finger dieser künstlichen rechten Hand „in bestimmte Stellungen einbiegen, die im Inneren durch Federn arretiert wurden. Sobald er aber auf einen seitlich angebrachten Knopf drückte, sprangen die Finger wieder in ihre Ausgangsstellung zurück". Welcher Mechanikermeister oder Kunstschmied Götzens Idee verwirklicht hat, ist nicht bekannt. Zu bewundern ist die Hand im Museum auf der Burg in Jagsthausen, die übrigens – wie Hornberg – auch ein Hotel mit vorzüglichem Restaurant beherbergt.
Die Raubritterfehden, die Götz nunmehr führte, machten ihn zu einem wohlhabenden Mann. Eine dieser Fehden richtete sich 1508 gegen die Stadt Köln. Er führte sie, um für einen Stuttgarter Schneider namens Sindelfinger Geld einzutreiben. Im Jahre 1517 kaufte er die Burg Hornberg hoch über dem Neckar. Im gleichen Jahr wurde er Amtmann in Möckmühl. Auch das ist eine Fachwerk- und Stadtmaueridylle wie aus dem Märchenbuch. Alles mit Liebe restauriert und voller Blumen.

Wo Ritter Götz den berühmten Spruch ausrief Der Spruch, der die Gestalt des Götz den meisten Leuten erst vertraut gemacht hat, ist in Krautheim gefallen. Götz hatte mit dem dortigen Amtmann Streit und wollte ihn aus dem Schloß herauslocken. Der Amtmann hatte aber offenbar gute Nerven und schrie nur etwas durchs Fenster hinunter. „Da schrie ich wieder zu ihm hienuff, er sollt mich hienden leckhen", überliefert uns der fränkische Ritter Götz. Genaugenommen, ist somit der schwäbische Gruß ein fränkischer.

Wie sehr sich die Staufer bei aller Weitläufigkeit ihres Reiches mit Deutschland verbunden fühlten, belegen in Baden-Württemberg unzählige steinerne Zeugen. Auch das bezaubernde mittelalterliche Burgstädtchen Krautheim, das besonders malerisch hoch über dem windungsreichen Tal der Jagst unweit von Dörzbach und Schöntal liegt. Die Silhouette mit den Türmen und markanten, dicht aneinander gedrängten Gebäuden hebt sich wie ein dunkler Scherenschnitt vom Himmel ab. Vergleicht man die Ansicht mit Darstellungen aus früheren Zeiten, stellt man fest, daß sich seit fast 800 Jahren an diesem Bild kaum etwas geändert hat.

Gegen Ende des 12. Jahrhunderts ließen sich drei Brüder aus dem Adelsgeschlecht von Krautheim dort oben eine mächtige Burgfeste bauen, bald siedelten sich in unmittelbarer Nähe Handwerker, Bedienstete, Händler und Bauern an. Man fühlt sich um Jahrhunderte zurückversetzt, wenn man um die Ringmauern herum spaziert und in das schöne stille Land hinausschaut. Die Burg wurde im Bauernkrieg zerstört, aber was noch steht, ist sehr imposant: 19,20 Meter hoch ist die Mauer und mehrere Meter dick. Sie ähnelt den staufischen Burgen auf Sizilien und in Apulien. Zu dieser massiven Burg hat also Ritter Götz seinen berühmten Spruch „hienuff" geschleudert. Einer der drei Brüder, der sie errichten ließ, Wolfrat I. von Krautheim, war ein enger Vertrauter und Berater Kaiser Friedrichs II. von Hohenstaufen und genoß hohes Ansehen. Doch schon mit Konrad I., der das Kloster Gnadental gestiftet hat und dort im Jahre 1267 starb, erlosch das Geschlecht der Herren von Krautheim. Konrads Schwiegersohn schenkte die Burg 1268 dem Johanniterorden. Dann erwarb der Deutsche Orden den Besitz. Über die Johanniter kann man sich eingehend in einem Museum auf der Burg Krautheim informieren.

Aus der langen, wechselvollen Geschichte des Burgstädtchens sei noch erwähnt, daß der ehemalige Besitzer, der Fürstbischof von Mainz, schon im Jahre 1660 die Krautheimer von der Leibeigenschaft befreite. Ende des 17. Jahrhunderts wurde auch das kleine Schloß gebaut, in dem der kurmainzische Amtmann seinen Sitz hatte. Das Schloß ist noch heute bewohnt.

Aus allen Epochen sind in Krautheim sakrale und profane Kunstwerke zu bewundern. Was in neuerer Zeit restauriert oder hinzugebaut wurde, fügt sich harmonisch in das historisch Gewachsene ein und bildet mit ihm zusammen ein Gesamtensemble, wie man es sonst selten sieht.

Der Wein gehört zu Hohenlohe wie die Burgen, Schlösser und Kunstschätze. Die edlen Tropfen, die dort gekeltert werden, machen Gott Bacchus alle Ehre: der Verrenberger, die Griesbacher Kocherperle, der Niedernhaller Distelfink, der Heuholzer Dachsteiger, der Niederstettener, Ingelfinger usw. In dem idyllischen Weindorf Pfedelbach – selbstredend mit prachtvollem Schloß, Wehrmauern, Türmen, Fachwerkhäusern – lagert ein Riesenfaß, das 65 000 Liter aufnehmen kann.

Napoleon ist an allem schuld

Es würde ebenso den Rahmen dieses Buches sprengen, wollte man alle heimeligen Weindörfer, gemütlichen Dorfwirtschaften und einladenden Burgschenken aufzählen, wie wenn man auf alle Schlösser und Burgen hinweisen müßte, die auf Ausflügen erobert werden können. Am besten, Sie kaufen sich eine gute Karte von Württemberg und fahren ins Blaue. Wohin Sie auch kommen werden, Sie werden Schönheit in Fülle finden. Neben den berühmten Kunstwerken werden Sie dem Zauber der kleinen Details erliegen, denen man auf Schritt und Tritt begegnet. Zum Beispiel den typisch hohenlohischen Steinbrücken, die ihre Bögen anmutig über Flüsse und Bäche schwingen. Nach oben sind sie gewölbt, damit das Wasser besser abfließt, und oft hält der Heilige Nepomuk die Wacht. Sie sind Zeugen der hohen Maurerkunst in Hohenlohe. So wie die wundervoll geschnitzten Eckbalken, Rosetten und der andere Zierat am Fachwerk der Burgen und Bürgerhäuser das Lob der Hohenloher Zimmerleute singen.

Sollten Sie aber zwischendurch einmal ganz profane Gelüste nach einem Bier haben, so brauchen Sie nicht weit zu gehen. In Herbsthausen versteht man sich vortrefflich darauf. Herbsthausen ist nämlich – wie könnte es in Hohenlohe anders sein! – nicht etwa ein Flecken ohne Kunst und Geschichte. Mitten in dem kleinen Dorf steht vielmehr ein prachtvolles Renaissancegebäude mit einem geradezu gigantischen Giebel. Und in diesem Prachtbau wird ein vorzüglicher Gerstensaft gebraut. Ob diese Brauerei schon damals bestanden hat, als bei Herbsthausen die letzte große Schlacht des Dreißigjährigen Krieges zwischen den Bayern und Franzosen geschlagen wurde, weiß ich nicht. Aber gut gegessen und getrunken hat man schon damals. Es wird behauptet, die Franzosen hätten die Schlacht nur deshalb verloren, weil die Soldaten vorher in ihren umliegenden Quartieren so geschlemmt hätten, daß sie zu leichtsinnig und bequem gewesen seien, um zu siegen. Für die Wahrheit dieser Geschichte verbürgte sich der frühere Archivar des Fürstenhauses Hohenlohe-Langenburg.

Da die körperlichen Genüsse, die Hohenlohe parat hält, somit geschichtlich bewiesen sind, kann das leibliche Wohl in diesem zauberhaften Ferienland ebensowenig zu kurz kommen wie das geistige.

Die historische Brücke von Gerlachsheim, einem Stadtteil von Lauda-Königshofen, ist mit mehreren Heiligenstatuen besetzt. Eine davon ist die des „Franken-Heiligen" St. Kilian.

Der verbotene Bocksbeutel „Napoleon ist an allem schuld!" wetterte der Vorstand einer württembergisch-fränkischen Weingärtnergenossenschaft, als er erklären sollte, warum eine bayerische Nachbargemeinde ihren Wein in Bocksbeuteln abfüllen darf, während den Württembergern für Wein von nachweislich gleichem Boden und gleicher Rebsorte der Einsatz des werbewirksamen Gefäßes gerichtlich verboten wurde. Der zornige Franke wollte nur daran erinnern, daß seine Vorfahren anno 1806 mehr nolens als volens Württemberger geworden waren, als der Franzosenkaiser auch die Besitztümer des Bistums Würzburg unter Bayern, Baden und Württemberg aufteilte. Damals endete in der Region, von der diese württembergische Weinreise handelt, die für Jahrhunderte typische „teutsche" Duodez-Herrschaft. Bis zum geopolitischen Federstrich des großen Korsen glich die Landkarte des danach fränkischen Nordostens von Württemberg einem kunterbunten Fleckerlteppich. Reichsstädte wie Rothenburg und Hall, Reichsritter wie die von Stetten und Berlichingen, diverse Fürstenstämme derer von Hohenlohe und Fürstbischöfe wie die von Würzburg teilten sich Besitz und Regime: auch als Herren der Weingärtner, die mindestens seit der Zeit Karls des Großen in den Tälern von Tauber, Kocher, Jagst und Sulm den Rebstock hegten.

Sicher aber hatten schon irische Missionare, die im 7. Jahrhundert das Christentum ins Fränkische brachten, auch Sorge getragen, daß Wein für das Meßopfer gekeltert werden konnte. In Dankbarkeit dafür verehren die Hohenloher von Heilbronn bis Weikersheim Sankt Kilian als ihren Weinheiligen. Um An- und Ausbauordnung kümmerten sich die Deutschordensritter von Mergentheim nicht weniger als das Hochstift zu Würzburg und der Reichsritter Valentin von Berlichingen, der schon anno 1535 eine Art Verbraucherschutzordnung erließ. Klassische Zeugen der württembergisch-fränkischen Weinbaugeschichte sind unter anderem jene Steinriegel, die über Jahrhunderte hinweg von den Weingärtnern angesammelt wurden; Kalkstein für Kalkstein wurde mühselig aus dem Weinberg herausgelesen, senkrecht zum Tal aufgeschichtet als Grenzmarkung, Windschutz, Wärmespeicher und Biotop für „Nützlinge" aus der Tierwelt. Zugleich erinnern die Naturmauern daran, daß der Weinbau in diesem Landstrich ein „gar mühsam Werk" war, wie Hans Sachs, Schuster und Poet dazu, den Häckern unter seinen Landsleuten bestätigte. Rebkultur war im Fränkischen nie Monokultur. Handwerk, Ackerbau und Viehzucht, Dienstleistungen bei Burg- und Klosterherren mußten zusätzlich karges Einkommen sichern. Zugleich hat diese Wirtschaftsform die Landschaft so geprägt, daß sie heute in ihrer Vielfalt das Herz des Wanderers erfreut.

Die Stadt- und Dorfnamen, mehr noch die Weinlagen erzählen interessante und ergötzliche Geschichten in diesem schönen fränkischen Landstrich, an dessen Zugehörigkeit zu Württemberg Napoleon schuld ist.

Die Aufnahme des Klosters Maulbronn im Jahre 1994 in die Liste des Kulturerbes der Menschheit hat eindrucksvoll darauf hingewiesen, welchen un-
geheuren Schatz Baden-Württemberg an wunderschönen, kunsthistorisch
besonders bedeutenden Klöstern besitzt. Es sind
so viele, daß man nicht weiß, wo mit der Liste anfangen und wo aufhören. Alle aufzuzählen und
die Kostbarkeiten der Innenausstattungen auch

Klösterreise für Schönheitsdurstige

nur stichwortartig zu würdigen, würde die Seiten eines dicken Buches füllen.
Ich glaube nicht, daß es anderwärts so viele Klöster gibt, die von den größten
Meistern ihrer Zeit errichtet und ausgestattet worden sind. Es müßte viel mehr
für sie geworben werden, und auch inländische Reiseveranstalter hätten hier
ein weites Betätigungsfeld – wenn man bedenkt, daß im Tourismus die
Bildungsreisen früherer Zeiten wieder eine stärkere Rolle spielen.

Weltkulturerbe Kloster Maulbronn Die einstige Zisterzienserabtei Maulbronn, gegründet 1138/1143 vom elsässischen Mutterkloster Neuburg bei
Hagenau, wurde in die UNESCO-Liste des Weltkulturerbes aufgenommen,
weil sie die am besten und vollständigsten erhaltene Klosteranlage nördlich
der Alpen ist. Eine Besichtigung des großartigen Klosterbezirks wird für jeden
zu einem unvergeßlichen Erlebnis. Wunderbar fügt sich die umfangreiche,
durch Mauer und Graben geschützte Anlage mit der Klosterkirche, den Klausur-
gebäuden, den Wirtschaftsräumen und dem beeindruckenden Klosterhof in
eine stille, anmutige Landschaft. Laubwälder und Weinberge setzen liebliche
Kontraste zur schlichten Größe der steinernen Zeugen längst vergangenen
mönchischen Lebens.
Dem Ernst und der Feierlichkeit, die das Innere der Kirche ausstrahlt, kann
sich wohl niemand entziehen. Man verneigt sich vor der Kunst der Meister, die
vor fast 850 Jahren das feingliedrige Maßwerk der steinernen Figuren und das
filigrane Gittergeflecht förmlich wie Spitzenklöppelei geschaffen haben. Nach
der Reformation wurde das Kloster im Jahre 1558 aufgehoben und in eine
Schule umgewandelt. Heute finden alljährlich Klosterkonzerte statt. So kann
man das Erleben einer wunderschönen Landschaft mit Kunstgenuß in vielfäl-
tiger Form verbinden.

Bebenhausen und Alpirsbach Wenn man von Stuttgart aus nur einen Halb-
tagesausflug unternehmen will, bekommt man im ehemaligen Zisterzienserkloster Bebenhausen trotz des späteren Umbaus zum Jagdschloß noch einen
ebenso bezaubernden Eindruck vom Bauschema der Zisterzienser. Auf dem
Weg zur reizvollen Universitätsstadt Tübingen sollte man sich Zeit für einen
Aufenthalt in Bebenhausen nehmen. Im ehemaligen Kloster hat ja Wilhelm II.,

der letzte König von Württemberg, nach der Revolution 1918 gewohnt und dort ist er 1921 gestorben. Sein Grab befindet sich auf dem alten Friedhof in Ludwigsburg.

Sehr beeindruckend in seiner Schlichtheit ist auch das Kloster Alpirsbach. Leider sind dort in der Reformationszeit durch die – auch von Martin Luther sehr beklagte – Bilderstürmerei viele unersetzliche Kunstwerke verlorengegangen. Aber wenn man im stillen Kreuzgang dem Spiel von Licht und Schatten zuschaut oder einem Konzert lauscht, vergißt man die Auswüchse unduldsamer Fanatiker und läßt sich von der Atmosphäre dieses verträumten Ortes gefangennehmen.

Hirsau – Legende gewordene Wirklichkeit Einen besonderen Platz nimmt das Kloster Hirsau ein. Sein Name taucht oft auf, wenn die Baugeschichte von Klöstern behandelt wird. Diese und jene Abtei sei nach Hirsauer Schema errichtet worden, heißt es da. Das Benediktinerkloster, das als Stiftung des Grafen von Calw von 830 bis 838 in einer grünen Aue des windungsreichen Nagoldtales im Schwarzwald errichtet wurde, ist seit der Zerstörung durch den französischen Heerführer Mélac im Jahre 1692 größtenteils Ruine. Zusätzliche Schäden verursachten die Dorfbewohner, indem sie die Brandruine abtrugen. Von der großartigen Peter- und Paulskirche sind noch der Nordwestturm und Mauerteile erhalten.

Schon im 10. Jahrhundert war die Hirsauer Bauschule sehr berühmt und einflußreich. Bald nach der Gründung genoß sie auch wegen der wissenschaftlichen Studien der Mönche hohes Ansehen. Ihr Ruhm, die Früchte der klösterlichen Wissenschaften und die Impulse, die von Hirsau aus die sakrale Baukunst insgesamt so nachhaltig befruchteten, bewahrten das Kloster nicht vor der Säkularisation. Im Jahre 1534 wurde es im Zuge der Reformation enteignet und 1556 in eine Klosterschule umgewandelt. Herzog Ludwig von Württemberg baute an die Klosterschule ein Schloß an, das ebenso wie das Kloster von Mélac eingeäschert wurde. Die noch gut erhaltene Klosterkapelle wurde 1892 restauriert und dient nun als Pfarrkirche.

Die mächtige Ruine, deren Mauern heute etwa halb so hoch sind wie sie vor der Zerstörung waren, hat seit jeher einen tiefen Eindruck auf empfindsame Gemüter gemacht. Dichter und Maler wurden von den romantisch-poetischen Relikten in der grünen, von bewaldeten Schwarzwaldhöhen eingerahmten Talaue inspiriert. Der verwunschene Zauber von Weltentrücktheit wurde noch dadurch verstärkt, daß eine riesige Ulme ihr Blätterdach schützend über die verfallenen Mauern ausbreitete.

Ludwig Uhland (1787–1862) hat der „Ulme von Hirsau" ein Gedicht gewidmet. Als er es schrieb, war sie schon alt. Im März 1989 mußte sie wegen eines nicht zu beherrschenden schweren Schädlingsbefalls (Splintkäfer) gefällt werden. Sie war zirka 230 Jahre alt geworden.

Das Gedicht von Ludwig Uhland konnte früher fast jedes schwäbische Kind auswendig. Von den neun Strophen sind hier nur die ersten zwei, die vierte und die letzte aufgeführt:

Die Ulme von Hirsau

Zu Hirsau in den Trümmern
Da wiegt ein Ulmenbaum,
Frischgrünend, seine Krone
Hoch überm Giebelsaum.

Er wurzelt tief im Grunde
Vom alten Klosterbau,
Er wölbt sich statt des Daches
Hinaus in Himmelsblau.

Es ragen die vier Wände,
Als ob sie nur bestimmt,
Den kühnen Wuchs zu schirmen,
Der zu den Wolken klimmt.

O Strahl des Lichts, du dringest
Hinab in jede Gruft!
O Geist der Welt, du ringest
Hinauf in Licht und Luft!

Wenn man heutzutage Besucher der Festspiele ist, die alljährlich im Sommer in der stimmungsvollen Klosterruine stattfinden, bilden die steinernen Zeugen einstiger Größe eine wunderbare Kulisse. Auf dem Programm stehen Theateraufführungen und eine Konzertreihe. Liebhaber wertvoller Bücher sollten einen Besuch Hirsaus mit der Besichtigung der Bibliothek verbinden, die im Museum neben der Aureliuskirche untergebracht ist.

In keinem anderen deutschen Bundesland gibt es so viele Heilbäder und Heil-klimatische Kurorte wie in Baden-Württemberg; es sind mehr als 60. Wie an anderer Stelle des Buches zu lesen ist, kann sich die Landeshauptstadt Stuttgart

Deutschlands größtes Bäderland

sogar rühmen, nach der ungarischen Metropole Budapest das zweitgrößte Mineralwasservorkom-men in ganz Europa zu besitzen. Von Nord bis Süd, Ost bis West quillt der Segen der Erde an die Oberfläche und macht Baden-Württemberg zu einem einzigartigen Heil- und Gesundheitsgarten. Gegen jedes Gebrechen findet sich die richtige Quelle und wird die geeignete Behandlung angeboten. Der Solegehalt des Wassers in Bad Dürrheim im Südschwarzwald ist größer als im Mittelmeer; wer an Schuppenflechte leidet, braucht nicht nach Israel ans Tote Meer zu fliegen, sondern nur nach Bad Rappenau im Neckarland zu fahren, und im ober-schwäbischen Bad Buchau kann man die Wohltat von Moorpackungen genießen – um nur einige wenige Beispiele aus der Fülle der Angebote zu nennen. Manche Quellen – unter anderem in Baden-Baden und Badenweiler – wurden schon von den Römern genutzt, andere sind vor 400 oder 500 Jahren oder später entdeckt worden. Zu den Kurorten mit über 400 jähriger Tradition gehört Bad Teinach, einst ein Lieblingskind der württembergischen Regenten. Im 18. und frühen 19. Jahrhundert war es sozusagen ihre Sommerresidenz.

Das Königliche Bad Die Bad Teinacher Hirschquelle ist seit langem bekannt, der Kurort, in dem sie in Flaschen abgefüllt und versendet wird, war dagegen einige Zeit etwas in Vergessenheit geraten, denn nach dem Zweiten Weltkrieg waren jahrelange Renovierungs-, Modernisierungs- und Neubauarbeiten nötig, die erst um 1980 abgeschlossen wurden. Als alles fertig war, präsentier-te sich das heimelige Städtchen unter dem Zavelstein im Tal der Teinach im Nordschwarzwald als ein Juwel, das die 400 jährige Tradition des einstigen „Königlichen Bades" würdig fortsetzt. Das Bad-Hotel, das König Wilhelm I. von Württemberg im Jahre 1842 von seinem Hofbaumeister Nikolaus Thouret errichten ließ, wurde grundlegend modernisiert und bietet die Annehmlich-keiten, die anspruchsvolle Gäste heutzutage erwarten. Dabei blieb der äußere Charakter des Hotels, das Thouret damals im klassizistischen Stil schuf, im vornehmen ursprünglichen Aussehen erhalten.
Auf einem 8405 Quadratmeter großen Grundstück entstand ein neues Kur-haus mit 29 441 Kubikmeter umbauten Raum. Die Wasserfläche des Mineral-Thermal-Bewegungsbades umfaßt 469 Quadratmeter. Aus einer als Allee ge-stalteten Fußgängerzone zwischen dem Kurhaus und dem Fürstenbau gelangt man in eine Halle, vom Obergeschoß aus sind das Bad-Hotel, die Trinkhalle und das Kurhaus durch Übergänge direkt miteinander verbunden.

Einst Treffpunkt des Hochadels Schon im 18. Jahrhundert gab es in Teinach ein aus Holz gebautes Opernhaus. Die Könige und die anderen Fürstlichkeiten, die sich dort trafen, wollten sich standesgemäß amüsieren. Sie kamen so zahlreich, daß König Wilhelm I. von Württemberg seinen Hofbaumeister Thouret beauftragte, das Bad-Hotel zu errichten. Es löste die „Herberge der Krone" ab, die auf diesem Platz bereits seit 1472 gestanden war. Schon zu jener Zeit beherbergte Bad Teinach illustre Gäste: 1473 waren es unter anderem die Grafen Eberhard im Bart, sein Vetter Graf Eberhard der Jüngere und die Bischöfe von Speyer, Worms und Eichstätt, die sich dort zu einem wichtigen politischen Gespräch einfanden. Wie sehr Teinach den württembergischen Grafen und Herzögen am Herzen lag, kann man auch den Aufzeichnungen des Hofbaumeisters Heinrich Schickhardt entnehmen, der in seinem Tagebuch Instandsetzungsarbeiten an der Teinacher Quelle vermerkt: „Anno 1617 habe ich auf gnädigen fürstlichen Befehl eine ganz neue Behausung mit einem steinernen und zwei hölzernen Stöcken erbaut, hab auch sonst viel mit Abgraben des wilden und süßen Wassers, daß es nicht zum Sauerbrunnen kommt, zu tun gehabt."

Nach Ende des 30jährigen Krieges ließ Herzog Eberhard III. ein stattliches „Herrschaftshaus" für die fürstlichen Gäste und zwei Gasthöfe für die anderen Kurgäste bauen. Damit die Teinacher Bürger nicht mehr nach Zavelstein in den Gottesdienst zu gehen brauchten, schenkte er ihnen im Jahr 1665 eine Kirche, für die seine Schwester Antonia ein einzigartiges kabbalistisches Gemälde stiftete. Diese „Lehrtafel der Prinzessin Antonia" in der Dreifaltigkeitskirche zu Bad Teinach gehört noch heute zu den kostbarsten Kunstschätzen in Baden-Württemberg.

Auch Herzog Eberhard Ludwig bevorzugte Bad Teinach, das sich so idyllisch in das stille Tal schmiegt. In Teinach war es, wo er am 13. Juli 1731 mit seiner herzoglichen Gemahlin Johanna Elisabeth von Baden-Durlach Versöhnung feierte, nachdem er sich von dem berüchtigten Fräulein von Grävenitz getrennt hatte. Die Mätresse hatte nicht nur die Ehe des Herzogs ruiniert, sondern auch die Finanzen des Landes.

Die Herzöge Carl Alexander und Carl Eugen sowie König Friedrich waren ebenfalls große Gönner Bad Teinachs. Das Städtchen wurde immer schöner, berühmter und geselliger. Die Gäste kamen von weit her oder nur zum Sonntagsvergnügen mit Tanz, Billardspiel und Scheibenschießen, obwohl die Zufahrtsstraßen offenbar manches zu wünschen übrigließen. König Friedrich von Württemberg stellte nämlich bei einem Besuch im Jahre 1810 fest, daß sich der Weg von Calw nach Teinach in schlechtem Zustand befand, und er verdonnerte deshalb den Kreishauptmann von B. in Calw wegen mangelnder Sorgfaltspflicht zu 20 Reichstalern Bußgeld zugunsten des Ludwigsburger

Waisenhauses. Die Verfügung Seiner Majestät wurde zur Warnung anderer ebenso nachlässiger Amtspersonen sogar im Regierungsblatt veröffentlicht. Besonders gern weilte auch Königin Katharina von Westfalen in Teinach, die Tochter des Königs Friedrich. An sie erinnert in Bad Teinach die „Katharinenpläsier", ein beliebtes Ausflugsziel.

Der Erinnerung an einen anderen berühmten Gast, den Dichter Viktor von Scheffel, der häufig in Teinach war, ist ein stilvoller Raum im Bad-Hotel gewidmet. Er hat den Kurort in einem wehmutsvollen Gedicht verherrlicht; einige Zeilen lauten:

> *Und du, o Quell, der perlend hell,*
> *Heilkräftig aus dem Felsen springt,*
> *Forellenbach, der sanft gemach*
> *Und schwatzhaft durch die Wiesen rinnt –*
> *Schwarztannenhain, des Luft so rein*
> *Mich freundlich labte schon als Kind.*
> *Lebt wohl, lebt wohl, es naht die Zeit,*
> *Der man den letzten Becher weiht*
> *Und scheidet dankbar im Gemüt!*
> *Auch mich hat heut der Mai erfreut,*
> *Wer weiß, ob er mir wiedrum blüht?*

Die heilbringenden Quellen, die Viktor von Scheffel besingt, sind ein Labsal für Herz- und Kreislaufkranke und bei Nieren- und Blasenleiden. Eine solche Verbindung von Heilanzeigen gibt es nur in wenigen Kurorten. Katarrhe der oberen Luftwege und Erschöpfungszustände werden ebenfalls mit Erfolg behandelt. Außerdem hilft das Mineral-Thermal-Bewegungsbad bei Erkrankungen des Bewegungsapparats und des rheumatischen Formenkreises.

Aber selbstverständlich ist Bad Teinach – wie die anderen Kurorte in Baden-Württemberg – nicht nur ein Ziel für Menschen, die gesund werden, sondern auch für Urlauber, die gesund bleiben wollen. Alle haben sich längst zu bestens ausgestatteten Ferienorten entwickelt, in denen für die ganze Familie vielerlei Abwechslungsmöglichkeiten geboten werden – mehr als in manchem hochgelobten ausländischen Kurort.

Bad Dürrheim – der heilende Kristall Dort, wo drei unterschiedliche Landschaften aufeinandertreffen – der tannenreiche östliche Schwarzwald, die weite, sonnenbeglänzte Hochfläche der Baar und die westlichen Ausläufer des Schwäbischen Jura – breitet sich Bad Dürrheim aus, das höchstgelegene Solebad Europas (700–940 m). Die Stadt hat, was ganz selten vorkommt, gleich

zwei staatlich anerkannte Prädikate: Heilbad und Heilklimatischer Kurort. Bad Dürrheim ist ein Urlaubsziel für Kranke und für Gesunde, die sich in der heilkräftigen Luft erholen wollen. Und seit es das wunderschöne

und international preisgekrönte Bade- und Therapiezentrum Solemar gibt, ist es auch das ganze Jahr über ein beliebtes Ausflugsziel. Elf Wasserbecken mit unterschiedlichen Temperaturen (bis zu 37 Grad) und mit verschieden hohem Solegehalt (bis zu 5%), Dampfgrotte, Sonnengalerie und großer Schwarzwaldsauna findet man dort vor. Außer chronischen Atemwegserkrankungen, Herz- und Kreislaufbeschwerden und Rheuma werden auch chronische Augenleiden und Erkrankungen im Kindesalter behandelt.

Die Stadt ist ebenfalls gleichzeitig Heilbad und Familien-Urlaubsort. 150 Kilometer Wanderwege, vielerlei Sporteinrichtungen und Unterhaltungsangebote verheißen abwechslungsreiche Ferien. Auch Urlaub auf dem Bauernhof ist in den Teilgemeinden möglich. Bis 1972 wurde in Bad Dürrheim Salz erzeugt, und aus der Blütezeit der Salzstadt setzen noch heute die Salinengebäude im vornehmen Weinbrenner-Stil reizvolle Akzente.

Der 50 Hektar große Kurpark mit herrlichem alten Baumbestand ist eine Augenweide; ihn zieren Tierplastiken des Bildhauers Fritz Behn, die in alle Welt verstreut waren, aber von einem Mäzen nach Bad Dürrheim geholt wurden und die den Kurpark zu einem Freilichtmuseum machen. – Auch ein Jagdmuseum gibt es in der Stadt.

Zwei Iglus für den Narrenschopf Doch nun zum Narrenschopf, Deutschlands größtem Maskenmuseum, das am südlichen Rand des Kurparks zur Besichtigung einlädt. Schon von weitem erregen zwei geheimnisvolle Rundhäuser, deren Dach fast bis zum Boden reicht, die Neugierde, und noch geheimnisvoller wird es, wenn man das Hinweisschild „Narrenschopf" liest. Was sich dahinter wohl verbirgt?

Das Wort „Schopf" bedeutet im Dialekt Bau oder Anbau, in dem etwas untergebracht wird, was man selten oder nur einmal im Jahr braucht. Die Schöpfe wurden in den zwanziger Jahren des 19. Jahrhunderts von kunstfertigen Zimmerleuten für die Saline Rottweil gebaut. Dort wurden sie um 1970 abgetragen und kamen nach Bad Dürrheim, wo man die Idee hatte, in einem von ihnen die Sammlungen alter Kostüme und Masken auszustellen, die von den Schwäbisch-Alemannischen Narrenzünften zusammengetragen worden sind. 1972 wurde das Museum eröffnet, zehn Jahre später kam der zweite Schopf hinzu, und in den beiden Kuppelbauten stehen jetzt mehr als tausend Quadratmeter Ausstellungsfläche zur Verfügung.

Über 400 Narrenkleider aus 71 Narrenorten im südlichen Baden-Württemberg und in der alemannischen Schweiz sind zu sehen, Fotografien und gemalte Stadtansichten vervollständigen das Bild. Es ist kein musealer Rückblick, sondern ein höchst lebendiger Überblick über das Brauchtum, das sich Jahr für Jahr erneuert. Die Exponate reichen vom 18. Jahrhundert bis in die Gegenwart und sind mit historischen Dokumenten und närrischen Attributen aufgelockert. Da ist, zum Beispiel, die Katze aus Meßkirch, Sinnbild des Schnurrens, Strahlens oder Spottens; Strohgestalten, die zu den ältesten vermummten Figuren gehören – wie der „hoarige Bär" aus Singen –, stehen neben Offenburger und anderen Hexen und neben kleinen Narrensamen. Auch Narrone und Narronin aus der Schweiz geben sich ein Stelldichein. Manche haben liebliche Gesichtchen und kostbare „Kleidle" – so Figuren aus Schömberg bei Rottweil –, andere sind furchterregend und häßlich. Alles ist so erklärt, daß man sich auch ohne Führung gut zurechtfindet. Die Narrenzünfte Neckar-Alb, die von der Baar, von der Donau, die aus der Gegend Bodensee-Linzgau-Schweiz, dem Hegau, dem Hochrhein, dem Schwarzwald – alle stellen sich vor und demonstrieren die Vielfalt des närrischen Treibens im Südwesten.

Trompeten und die längste gedeckte Holzbrücke Europas In einer der schönsten Gegenden des Südschwarzwaldes liegt Bad Säckingen, die 1200 Jahre alte Stadt am Rhein. Sie ist ein idealer Ferien- und Kurstandort. Der Hochschwarzwald, die Alpen, Bern und Freiburg sind nur eine Autostunde entfernt – falls man überhaupt Lust hat, das alte, stimmungsvolle Städtchen mit seinen vielen Sehenswürdigkeiten zu verlassen: die Altstadt zählt zweifellos zu den schönsten in Süddeutschland. Über den Rhein führt die längste gedeckte Holzbrücke Europas, ein zweiter Superlativ ist die umfassendste Trompetensammlung Europas, die im „Trompetenschloß" untergebracht ist. Das Schloß war der Schauplatz der Liebesgeschichte der adligen Maria Ursula von Schönau und des bürgerlichen Franz Werner Kirchhöfer, die den Dichter Joseph Victor von Scheffel zu seinem berühmten Roman „Der Trompeter von Säckingen" inspiriert hat. Mittelalterliche Häuser, der Gallus- und der Diebsturm der ehemaligen Stadtmauer, das barocke St.-Fridolins-Münster sind weitere Sehenswürdigkeiten. Dazu kommen hervorragende Kureinrichtungen in modernen Kliniken und im Kurmittelhaus. Behandelt werden rheumatische und Stoffwechselleiden sowie Krankheiten des Herz-Kreislauf-Systems.

Das Klosterstädtle Beim ersten Besuch des „Klosterstädtle", so nennen die Bewohner liebevoll Bad Schussenried, stutzt jeder Gast. In einer herben Moor- und Weidelandschaft, umgeben von ausgedehnten Wäldern und Seen, taucht eine Stadtsilhouette mit barocken Formen auf. Im Hintergrund erkennt man bei günstigem Wetter sogar die Alpen.

Das voralpine Heilklima in einer Höhe von 570 bis 630 Metern ü.M. trägt wesentlich zur Festigung der Gesundheit und zum Heilerfolg bei. In drei fachärztlich geleiteten Kurkliniken, die ganzjährig geöffnet sind, wird u.a. das Moor, das „schwarze Gold Oberschwabens – aus der Apotheke der Natur", verabreicht. Behandelt werden hier rheumatische Erkrankungen, verschleißbedingte und entzündliche Erkrankungen, wie Arthrosen, Bandscheibenschäden etc., Frauenleiden, Übergewicht, Erschöpfungs- und Streßzustände, in Verbindung mit Kneipptherapie; Anschlußbehandlung nach Unfall-, Sport- und Arbeitsverletzungen.

Die „weißen Mönche" der 1183 gegründeten Prämonstratenser-Abtei lenkten bis zur Säkularisation anno 1803 die Geschicke der oberschwäbischen Klostergemeinde. Eine Vielzahl barocker Kleinode wurde in dieser Epoche geschaffen. Eine „Symphonie aus Form, Farbe und Licht" wird der herrliche, spätbarocke Bibliothekssaal des ehemaligen Klosters genannt, der zur Besichtigung freigegeben ist. Außerdem finden dort im Rahmen der „Bad Schussenrieder Abende" Kammerkonzerte mit namhaften Künstlern und Ensembles statt. Ein Genuß für Kunstfreunde ist die Stadtpfarrkirche Sankt Magnus.

Mehr als tausend Menschen- und Tierköpfe, geschnitzt von dem Bildhauer Machein, zieren das prachtvolle Chorgestühl. Das Klostermuseum bei dieser Kirche enthält Barockgemälde und -schränke, Skulpturen, Reliquiare etc. Wahrzeichen der Stadt, die an der Oberschwäbischen Barock- und an der Schwäbischen Bäderstraße liegt, ist das „Törle", der Eingang zur ehemaligen Klosteranlage.

Auf ebenen Wegen erreicht der Spaziergänger bequem Steinhausen mit seiner Wallfahrtskirche, die „schönste Dorfkirche der Welt". Um 1730 von den Brüdern Zimmermann erbaut, wurde sie von 1967 bis 1974 durchgreifend restauriert, so daß die lichtdurchflutete Halle, die entzückenden Stukkaturen mit Vögeln, Insekten, Eichhörnchen und die überirdische Landschaft des Deckenfreskos im alten Glanz erstrahlen.

Oberschwäbische Lebensart und Bauernarchitektur findet der Gast in dem zu Bad Schussenried gehörenden Dorf Kürnbach mit seinem Freilichtmuseum altbäuerlicher Haustypen. Vom Waldsportpfad über Tennis, Rudern, Radeln, Angeln, Schwimmen, Kegeln, Schießen, Minigolf, bis zu geführten Wanderungen, Hobby-Treffs und anderen Kreativveranstaltungen ist dem Kur- und Urlaubsgast alles geboten.

Baden-Baden ist ein besonderes Beispiel dafür, daß Südwestdeutschland eine lange touristische Tradition hat. Im 19. Jahrhundert galt es als „Sommerhauptstadt" Europas. Berühmte Künstler und höchste Fürstlichkeiten gaben sich dort alljährlich ein Stelldichein, unter ihnen auch Johannes Brahms und Clara Schumann. Im Haus Lichtentaler Allee Nr. 14, das der gefeierten Pianistin gehörte und wo sie von 1863 bis 1874 wohnte,

Baden-Baden – die Perle im Tal der Oos

verbrachte Brahms viele glückliche Sommer. Ob die Witwe Robert Schumanns mit dem jungen Tondichter mehr als eine innige Freundschaft verband, wird wohl nie ganz geklärt werden. In Baden-Baden entstanden mehrere Werke des Meisters. Die herrlichen Promenaden, die nun schon seit über 200 Jahren Zeugnis von der Schönheit gärtnerisch gestalteter Natur ablegen, inspirierten Brahms zu seiner Lichtentaler Symphonie. Auch zu einer anderen Stadt Baden-Württembergs, zu Karlsruhe, hatte Brahms eine enge Beziehung. In Südwestdeutschland arbeitete er unter anderem an seinem grandiosen Deutschen Requiem. Die Chronik Baden-Badens im vorigen Jahrhundert ist ein Beitrag zur Kunst- und Kulturgeschichte jener Zeit. Die Liste der illustren Namen ist schier

Das Casino in Baden-Baden gilt als die schönste Spielbank der Welt: in den prachtvollen Räumen rollt seit fast 180 Jahren die Roulettekugel.

endlos: Hector Berlioz, Franz Liszt, Richard Wagner, Carl Maria von Weber, der Maler Anselm Feuerbach, die Dichter Nikolaus Lenau, Theodor Storm, Johann Peter Hebel, Justinus Kerner haben dort ihren Platz ebenso wie Ludwig Uhland und Gustav Schwab. Viele Gäste kamen vor allem auch aus Frankreich und aus Rußland. Der treueste Gast war Turgeniew; und Dostojewsky kam, um seiner unglückseligen Spielleidenschaft zu frönen.

Neben den Künstlerkreisen waren die politischen und gesellschaftlichen Zirkel Magnete für Fürstlichkeiten und Politiker aus ganz Europa. Kaiser Wilhelm I. weilte 40 Mal in Baden-Baden zur Kur, und bei der französischen Gesellschaft gehörte es zum guten Ton, den Sommer in Baden-Baden zu verbringen.

Schönste Spielbank der Welt Schließlich verdankt Baden-Baden die schönste Spielbank der Welt der französischen Familie Bénazet. Kein Kurort könnte sich heute derart prunkvolle Baulichkeiten leisten wie das in den Jahren 1821 bis 1823 vom großen Baumeister Weinbrenner konzipierte Kurhaus mit der Spielbank oder die elegante Trinkhalle mit den Fresken der elf Schwarzwaldsagen oder das entzückende 1862 erbaute Theater.

Es ist nur wenig bekannt, daß der „König der Verleger", Cotta, in Baden-Baden ein Hotel besaß, den Badischen Hof, ein ehemaliges Franziskanerkloster, das er kaufte, von Weinbrenner umbauen ließ und zu einem wichtigen geistigen Treffpunkt machte. Noch heute gehört das Badhotel Badischer Hof zu den renommierten Hotels des Kurortes.

Kurort seit 2 000 Jahren Baden-Baden ruht keineswegs auf seinen früheren Lorbeeren aus. Renoviert und restauriert wurde vieles, zum Beispiel das Römisch-Irische Bad im „Friedrichsbad". Es wurde 1871 durch Kaiser Wilhelm I. glanzvoll eröffnet und 1981 stilgetreu renoviert. Man glaubt, in einer anderen Welt zu sein, wenn man die prachtvolle Ausschmückung dieses Bades sieht. Mit seiner Therapie ist es einzigartig in Europa; 15 Stationen kann der Gast in dem Gesundheitstempel absolvieren. Einzigartig ist auch die im Jahre 1985 hinzugekommene neueste Errungenschaft, die Caracalla Therme, welche die 2 000jährige Tradition Baden-Badens als Kurstadt kontinuierlich bewahrt und an ihren Ursprung in der römischen Kaiserzeit anknüpft: ein luftiger Freizeitbereich mit einem großen Innen- und zwei Außenbecken – fast 1 000 Quadratmeter Wasserfläche –, Saunen, Solarien und anderen Einrichtungen. In ihrer architektonischen Gestaltung erinnern sie an die antiken römischen Thermen, von denen leider ein Großteil nicht zugänglich ist. Aber was man an Ausgrabungen sehen kann, illustriert die römische Badekultur Baden-Badens so eindringlich, daß niemand den Besuch der Soldatenthermen versäumen sollte. Übrigens: Die Römer, die die dortigen Quellen schon

kannten, nannten den Ort zu Ehren des Kaisers Aurelius Severus „Civitas Aurelia sequensis" – aber Kaiser Caracalla, der von 212 bis 217 n. Chr. herrschte, hat in Rom Thermen gebaut, die selbst noch als Ruinen zu den imposantesten Sehenswürdigkeiten in der Ewigen Stadt zählen. Caracalla schien also für das neue Baden-Badener Glanzstück gerade die richtige Bezeichnung zu sein.

Daß dieser Kurort nach der römischen Kaiserzeit gerade in der Epoche der Romantik seine zweite Blüte hatte, ist kein Zufall. Baden-Baden ist keine Stadt mit einem großen Kurpark, sie ist vielmehr in einen weitläufigen Naturpark hineingebaut. Hinzu kommt die verschwenderische Fülle an Ausflugszielen im Schwarzwald und im Rebland. Das alles macht die Perle im Tal der Oos zu einem Juwel in der Kette der europäischen Kurorte.

Die Heilanzeigen Baden-Badens umfassen rheumatische Erkrankungen, Nachbehandlung von Unfallverletzungen am Bewegungsapparat, Gefäßerkrankungen, Krankheiten des Nervensystems, der Atmungsorgane, Frauenleiden, bei Herz- und Kreislaufschwäche durch Bewegungsmangel sind sie ebenfalls angezeigt.

Bevor Dresden mit seinen unermeßlichen Kunstschätzen in den letzten Kriegstagen in Schutt und Asche fiel, zählte zu seinen weltberühmten Sehenswürdigkeiten auch das „Japanische Palais", das sich einst August der Starke, der

Das Porzellanschloß bei Baden-Baden

größte Porzellanenthusiast jener Zeit, für seine legendären Sammlungen hatte bauen lassen. Seit dieses „Porzellanschloß" nicht mehr existiert, kann sich Baden-Württemberg rühmen, das älteste und wohl auch einzige aus jener Epoche stammende Schloß dieser Art in Deutschland zu besitzen. Sicherlich gibt es nirgendwo ein schöneres und sehenswerteres als jenes Schloß Favorite, das sich die Markgräfin Sibylla Augusta von Baden-Baden (1675–1733), die Witwe des „Türkenlouis", südlich von Kuppenheim auf halbem Wege zwischen Baden-Baden und Rastatt bauen ließ. Man wundert sich immer wieder, welche kostbaren Kleinodien unsere engere Heimat birgt, von denen die meisten Bewohner des Landes keine Ahnung haben. Das Lustschloß Favorite wurde so hervorragend restauriert, daß es sich weitgehend in seiner alten Pracht präsentiert – ein Juwel, dessen Schönheit, Kostbarkeit und eigenwilliger Reiz nicht mit Worten zu beschreiben sind.

Vorbild Schlackenwerth In Georg Keyßlers „Neuesten Reise durch Deutschland" steht geschrieben: „... es wird aber niemanden gereuen, wenn er einen Umweg linker Hand nach der Favorite nimmt, welche die verwitwete Markgräfin von Baden-Baden nach der neuesten Bau-Art hat anlegen lassen." Die geistreiche, überaus kunstsinnige Markgräfin ließ sich dieses bezaubernde Schloß zwischen der Rheinebene und den Ausläufern des Schwarzwaldes um 1710 nach dem Vorbild des herrlichen Schlosses von Schlackenwerth in Böhmen (unweit von Karlsbad) bauen, wo sie ihre Kindheit verbracht hatte. Aus ihrer alten – heute würde man sagen: sudetendeutschen – Heimat berief sie ihren jungen Landsmann Michael Ludwig Rohrer (1683–1732), dem sie die Bauleitung übertrug. Von Rohrer stammt nicht nur das Schloß Favorite, sondern auch eine Reihe anderer besonders schöner Barockbauwerke in Baden. Vermutlich war er ein Schüler Christoph Dienzenhofers, des genialen Schöpfers des Prager Barocks.

Märchenhafte Innenausstattung Schon von außen ist das „Favorite" mit seinem romantischen Park eine Augenweide. Was den Besucher in den Innenräumen erwartet, kann nur andeutungsweise erwähnt werden: So groß ist die Fülle erlesenster, teils einmaliger Sammlungsstücke, so wundervoll sind die Fußböden mit unschätzbaren Marmorintarsien, die Wände mit den herrlichsten Bespannungen aus Samt und Seide, oft mit den feinsten Perlen-,

Kreuz- oder Gobelinstickereien. In den Prachträumen sind in die vergoldeten Stuckornamente 313 Spiegel eingelassen, deren reflektierende Wirkung ins Hundertfache gesteigert wird, weil sie zum Teil schräg gestellt oder in die Decke hinübergewölbt sind. Und diese verzauberten, verzaubernden Räume bilden den Rahmen für Sammlungen, die nicht so leicht ihresgleichen finden: Fayencen, chinesisches und frühes Meißner Porzellan und eine unvergleichliche Kollektion böhmischer Gläser. Die erstaunlich umfangreiche Sammlung Meißner Stücke, hauptsächlich aus der frühesten Zeit, gehört zu den bedeutendsten in Deutschland. Unter den chinesischen Erzeugnissen höchster Qualität befindet sich, zum Beispiel, „eine Chia-ching-Schüssel von einer unüberbietbaren Leuchtkraft der Farbe, wie sie nicht einmal in dem gerade für diese Gattung berühmten Serailmuseum in Istanbul zu finden ist" (Ernst Petrasch: „Schloß Favorite"). Großartig sind auch die Kronleuchter, darunter einer mit geheimnisvoll schimmerndem Rubinglas.

Nun genug der Schwärmerei von diesem Juwel unter den Barockschlössern Süddeutschlands. Man muß es sehen.

Baden-Württemberg ist nicht nur reich an erstrangigen Kirchen, Klöstern, Schlössern und anderen Kunstdenkmälern aus der Zeit des Barock, sondern auch aus der Renaissance; das Heidelberger Schloß dürfte das berühmteste

Schickhardts schönes Schwarzwaldkind

sein. Sogar eine bis ins letzte Detail von Heinrich Schickhardt, einem der größten deutschen Renaissance-Baumeister, entworfene und unter seiner Leitung entstandene Stadt kann man in diesem Bundesland besuchen. „Arithmetika – die allerschönste Kunst in der ganzen Welt" – diesen Spruch hat der württembergische Baumeister Heinrich Schickhardt getan. Der große, vielseitige Künstler wurde am 5. Februar 1558 in Herrenberg geboren, und von Jugend an waren Rechnen und Vermessen seine bevorzugten Beschäftigungen. Daher ergriff er auch nicht den Beruf des Schreiners wie sein Großvater und Vater, sondern ging beim berühmten herzoglichen Baumeister Georg Beer in Stuttgart in die Lehre. Bei ihm lernte er die neue Kunstrichtung kennen, die ihn sehr faszinierte, und um für seine künftigen Aufgaben bestens gerüstet zu sein, unternahm er mehrere Reisen nach Italien, eine auch als Begleiter des Herzogs Friedrich. Schickhardt skizzierte eifrigst, um schwarz auf weiß nach Hause zu tragen, was er gesehen hatte. Alles stellte er in einem Büchlein zusammen mit dem Titel: „Etliche Gebey, die ich, Heinrich Schickhardt, zu Italien verzeichnet hab, die mir lieb send." Er war also gut vorbereitet, als er den Auftrag erhielt, im Schwarzwald eine neue Stadt zu bauen.

Erste Stadt nach geometrischem Plan nördlich der Alpen Im Jahre 1630 schrieb Schickhardt rückblickend unter der Rubrik „Städte, von neuem gebaut" folgendes: „Freudenstadt. Da hab ich, als es noch ein Wald gewesen, den ersten Augenschein eingenommen, den Boden ziemlich tief untersuchen lassen, aber wenig Gutes gefunden, weshalb ich es für nicht ratsam hielt, dahin eine Stadt zu bauen."

Er hat sie trotzdem gebaut, „die Freudenstadt", weil Herzog Friedrich von Württemberg dort oben eine Stadt für 3 500 Einwohner anlegen lassen wollte, um protestantische Flüchtlinge aufzunehmen. Der Herzog bezweckte damit zweierlei: Er wollte diesen wegen ihres Glaubens Vertriebenen eine neue Heimat geben und gleichzeitig den Bergbau auf Silber und Kupfer aktivieren, der im nahen Christophstal betrieben wurde. Die Flüchtlinge kamen aus Kärnten, Krain und der Steiermark und waren vorwiegend tüchtige Bergleute.

Im Jahre 1599 wurden die ersten Häuser bezogen, und ab 1601 wurden die Vertriebenen angesiedelt. Etwa die Hälfte der ersten Bürger Freudenstadts sprach windisch (slowenisch). Der Grundstein zu der majestätischen Freudenstädter Kirche am Marktplatz wurde 1601 gelegt. Das Schloß wurde nicht gebaut, weil der Herzog 1608 starb. Mitten auf dem Marktplatz, wo es hätte

Freudenstadt ist ein Musterbeispiel für eine fürstliche Stadtgründung der Neuzeit, sie wurde im Auftrag Herzog Friedrichs nach Plänen Heinrich Schickhardts erbaut. Der regelmäßige Grundriß ist noch heute zu erkennen.

stehen sollen, steht heute etwas verloren das Postgebäude. Die überaus prächtige Kirche mit 140 Wappen an der Decke und wundervollen Emporenreliefs des Kalkschneiders Gerhardt Schmidt wurde im Todesjahr des Herzogs fertiggestellt.

Kunst von europäischem Rang Die kleine Schwarzwaldstadt besitzt in dieser Kirche Kunstwerke von höchstem europäischem Rang, zum Beispiel ein Betpult aus romanischer Zeit, das von vier Evangelisten getragen wird. Dieses „Freudenstädter Lesepult" gehört zu den kostbarsten Werken romanischer Kunst überhaupt. Ein gotischer Kruzifixus und ein großes romanisches Taufbecken sind weitere Schätze der Freudenstädter Kirche.

Der Baumeister hatte ursprünglich einen etwas anderen Grundriß für Freudenstadt vorgesehen. Herzog Friedrich bestand aber darauf, „daß henden vor jedem Haus ein Gassen und das Schloß mitten auff dem Margt stehen soll". Außerdem wünschte er, daß um die vier Seiten des Marktplatzes ein Laubengang führe, und die wichtigsten öffentlichen Gebäude sollten dort an bevorzugten Stellen stehen.

So entstand der ungewöhnliche Plan der im Rechteck parallel um den Riesenplatz geführten schmalen Straßen und dichten Häuserzeilen, die nach dem Schema des Mühlebrettspiels angelegt sind. Das Gründungsjahr der neuen Stadt ist 1599. Damit ist Freudenstadt die erste ganz nach geometrischem Plan gebaute Stadt nördlich der Alpen. Erst 100 Jahre später folgten weitere.

1870 – Grundstein zum Kurort Freudenstadt ist jedoch keine Museumsstadt, die nur von vergangener Blüte träumt. Sie hat vielmehr seit jeher und vor allem auch nach dem Zweiten Weltkrieg das Glück gehabt, weitblickende Männer im Gemeindegremium zu haben, die gleichzeitig traditionsbewußt und fortschrittdenkend waren. Schon 1870, als Umweltschutz noch kein Schlagwort war, erkannte der Stadtschultheiß Hartranft die heilsame Wirkung der Luft in dieser Höhenlage zwischen 700 und 1000 Meter, und er war sich bewußt, welche Heilkraft das Klima und der Wald dort oben für die Menschen hat. Er legte damals den Grundstein für die Entwicklung Freudenstadts zum Kurort. Heilquellen gibt es dort nicht. Noch heute sind Höhenlage, Wald und Klima die wesentlichen Faktoren, die diesen staatlich anerkannten Heilklimatischen Kurort weithin so beliebt machen.
Die wichtigsten Heilanzeigen sind Herz- und Kreislaufstörungen, Erkrankungen der oberen Luftwege, vegetative Regulationsstörungen, verzögerte Rekonvaleszenz, Bewegungs- und Trainingsmangel. Aufbauend auf diesen Indikationen wurde die „Freudenstädter Kur" entwickelt, deren Grundlage die Ausnutzung der natürlichen Heilfaktoren darstellt. Inzwischen ist ein modernes Kurmittelhaus (mit einem 200 Quadratmeter großen Fichtennadelbewegungsbad) inmitten eines gepflegten Parks gebaut worden, und das vielfältige Freizeit- und Unterhaltungsangebot macht Freudenstadt zu einem idealen Urlaubsort – ob mit oder ohne Kur.

Zerstörung und Wiederaufbau Noch kurz vor Kriegsende, im April 1945, wurde die Stadt durch Brand fast völlig zerstört. Artilleriebeschuß französischer Truppen verursachte Brände, die aus Wassermangel nicht gelöscht werden konnten, und ein Feuersturm legte alles in Schutt und Asche – obwohl französische Soldaten bei den Löschbemühungen mithalfen. Der kommandierende französische General hatte dazu den Befehl gegeben. Längst bestehen zwischen Freudenstädtern und Franzosen aufrichtige freundschaftliche Bande, und längst ist die Stadt aus der Asche wieder erstanden.
Der damalige Bürgermeister Saam und Baurat Schweizer haben „das Wunder von Freudenstadt" vollbracht, indem sie nicht dem Modernitätswahn verfielen, sondern die von Herzog Friedrich und Heinrich Schickhardt vor 400 Jahren verwirklichte Renaissancestadt in alter Schönheit neu aufgebaut haben.

In aller Welt sind Gebirgsbahnen bergauf und bergab unterwegs, doch nur selten wissen Fahrgäste, daß das Vorbild für die meisten dieser Anlagen in Europa, Neuseeland, Peru und den USA die Schwarzwaldbahn ist, die durchs Kinzigtal und dann weiter bis zum Bodensee führt. Die 149 Kilometer lange Strecke ist vor allem auf dem schwierigen Teilstück Hausach-Villingen höchst interessant. Sie gilt bis heute als eine der kühnsten Bahnanlagen. Erbaut wurde sie in den Jahren 1863 bis 1873 von dem genialen

Die Schwarzwaldbahn – Mutter der Gebirgsbahnen

Eisenbahningenieur Robert Gerwig. Er leitete auch den Bau der Höllentalbahn bei Freiburg und hatte 1872 bis 1875 die Oberaufsicht über die Gotthardbahn. Für die Schweizer Albula- und Berninabahn war die Schwarzwaldbahn ebenfalls Vorbild.

Besonders reizvoll und bewundernswert ist bei dieser Anlage der Abschnitt Hornberg-Triberg-Sankt Georgen. Die Besonderheit liegt nicht allein im harmonischen Einklang zwischen der herrlichen Natur und der Technik, in erster Linie fasziniert die Trassenführung. Zwischen Hornberg und Sommerau wird mit 832 Metern ü. M. der höchste Punkt erreicht. Gerwig bewältigte das Problem des großen Höhenunterschieds auf nur wenigen Kilometern mit Hilfe von Kehrtunnels und Doppelschleifen. Im längsten Tunnel, dem 1 697 Meter langen Sommerautunnel, wird kurz vor Sankt Georgen die Wasserscheide Rhein-Donau erreicht. Einzigartig ist auch der Eisenbahnviadukt über das Reichenbachtal. Mit 39 Tunnels und einem Viadukt ist die Schwarzwaldbahn eine der tunnelreichsten und brückenärmsten Bahnanlagen der Erde. Allein auf der 9,5 Kilometer langen Teilstrecke Hornberg-Sommerau verläuft sie durch 36 Tunnels.

Robert Gerwig, der 1820 in Karlsruhe geboren wurde, ist ein typisches Beispiel für die Männer jener Zeit der beginnenden Industrialisierung, die gekennzeichnet war von unermüdlicher Arbeit und dem Willen, Ideen durchzusetzen. Gerwig hatte die Oberleitung für das gesamte badische Eisenbahnwesen und war als Direktor der Uhrmacherschule in Furtwangen beauftragt, die häusliche Gewerbetätigkeit im Schwarzwald zu fördern. Von den Schwarzwälder Uhren wird noch die Rede sein.

Die Sauschwänzlebahn Das Wutachtäler Gegenstück zur Kinzigtäler Schwarzwaldbahn ist die Sauschwänzlebahn. Den Startschuß zum einstigen „Kanonenbähnle" mit vielen Kehrschleifen und dem einzigen Kreiskehrtunnel Deutschlands auf dem Abschnitt Zollhaus-Blumberg gab ein Staatsvertrag zwischen dem Großherzog Friedrich von Baden und dem Deutschen Reich im März 1887. 1890 war die 26 Kilometer lange Bahnstrecke entlang der Schweizer Grenze fertig. Strategische Gründe waren für den Bau ausschlaggebend. Falls nötig, sollte sie dort im Osten des Hochschwarzwalds dem Truppen- und Materialtransport dienen. Dieser Fall ist glücklicherweise nie eingetreten. Die Bahnstrecke lag so ruhig und friedlich da, daß sie 1955 wegen Unrentabilität und Baufälligkeit stillgelegt werden sollte. Da waren es ebenfalls militärisch-strategische Gründe, die sie retteten. Sie wurde von 1962 bis 1965 instandgesetzt. Doch sie blieb von der Nato unbenützt und sollte deshalb 1970 endgültig abgerissen werden. Das rief den Blumberger Bürgermeister Gerber und viele Freunde altehrwürdiger Eisenbahnen auf den Plan. Sie setzten es durch, daß die Deutsche Bundesbahn, Direktion Karlsruhe, im Jahre 1977 der Stadt Blumberg die Strecke für den Museumseisenbahnverkehr zur Verfügung stellte. Seit 1987 ist Blumberg Eigentümerin der Anlage.

Inzwischen ist die Bahn ein Anziehungspunkt für Liebhaber nostalgischer Dampfzüge aus dem In- und Ausland geworden. Wer mit der denkmalgeschützten, von historischen Lokomotiven der Eurovapor (Europäische Vereinigung zur Erhaltung von Dampflokomotiven) gezogenen Bahn unterwegs ist, verschwendet keinen Gedanken an einstige strategische Überlegungen. Er bewundert vielmehr die Ingenieurkunst vor über 100 Jahren. Sechs Tunnels mit insgesamt 4560 Metern und vier Viadukte von zusammen 770 Metern haben mit den vielen Kringeln der einstigen Kanonenbahn den Spitznamen Sauschwänzlebahn eingebracht. Und das Schwänzle eines rosigen Schweinchens ist bekanntlich für viele Feinschmecker bei einem Schlachtfestessen das Allerbeste.

Die Höllentalbahn Wenn man an Schwarzwälder Museumsbahnen denkt, kommt einem sofort die Höllentalbahn in den Sinn, obgleich sie keine Museumsbahn, sondern eine ganz normale Verbindung zwischen Freiburg im Breisgau und Donaueschingen ist. Aber sie ist auf dem Teilstück im Höllental zwischen Himmelreich und Hinterzarten so wildromantisch, und der 220 Meter lange Ravenna-Viadukt, der in 42 Metern Höhe das enge Tal mit seinen steilen Felsen überspannt, ist so großartig, daß man sie einfach nicht unerwähnt lassen darf.

Um eine Legende wie in Hauffs Roman „Lichtenstein" geht es auch beim „Hornberger Schießen". Wie oft hört man die Redensart: „Das ist ausgegangen wie's Hornberger Schießen", doch die wenigsten wissen, was es damit für eine Bewandtnis hat. Die Kleinstadt Hornberg im Schwarzwälder Gutachtal (nicht zu verwechseln mit der gleichnamigen Burg des Götz von Berlichingen in Hohenlohe) gehört seit 1810 zu Baden, vorher war sie württembergisch. Im Jahre 1564 war ein Besuch des Landesherrn

Das Hornberger Schießen

angesagt, und die Hornberger bereiteten sich darauf vor, ihren Fürsten gebührend zu empfangen. Natürlich gehörte zu einem standesgemäßen Empfang das Salutschießen. Sobald der große Tag gekommen war, schossen die Hornberger – um ja nichts zu versäumen – auf alles, was sich in Staubwolken gehüllt, dem Ort näherte: die Postkutsche, Viehherden und was sich sonst noch auf der Zufahrtsstraße bewegte. Als endlich gemeldet wurde, daß der Herzog tatsächlich im Anrollen sei, stellten die Bürger zu ihrem Entsetzen fest, daß das gesamte Pulver bereits verschossen war, und sie beschlossen, den allerhöchsten Gast mit lautem „Piff-Paff" zu begrüßen. Der Fürst fand das jedoch gar nicht lustig und ließ den Schultheiß mitsamt den Ratsherren in den Turm sperren. Sogar Friedrich Schiller hat die Begebenheit literarisch verewigt; in den „Räubern" schrieb er im Jahre 1781: „Da ging's aus wie 's Schießen zu Hornberg, und sie mußten abziehen mit langer Nase".

Während es den Hornbergern damals vermutlich nicht zum Lachen zu Mute war, haben die heutigen Einwohner der Stadt die schöne, leider sonst ganz selten anzutreffende Fähigkeit, über sich selbst lachen zu können. Der dortige historische Verein führt „Das Hornberger Schießen" als Heimatspiel, geschrieben von Erwin Leisinger, in jedem Sommer auf der Freilichtbühne auf.

Durch die Fremdenverkehrswerbung ist der ebenso originelle wie kleidsame Bollenhut die wohl bekannteste zur Schwarzwälder Tracht gehörende Kopfbedeckung geworden. Er ist geradezu ein Symbol für dieses schöne Mittel-

Der Bollenhut und die Kleiderordnung

gebirge. Doch man glaube ja nicht, daß die hübschen „Mädchen aus dem Schwarzenwalde", die „gar nicht leicht zu haben" sind, die breitkrempigen Hüte mit den roten Bollen nach Lust und Laune aufsetzen dürfen. Die Bollenhüte werden nur an ganz bestimmten Fest- und Feiertagen getragen und nur in einigen wenigen Orten: in Gutach, Hornberg mit den Teilgemeinden Niederwasser und Reichenbach sowie in Kirnbach. Im überwiegenden Teil des Mittleren und Südlichen Schwarzwaldes, der zu Vorderösterreich gehörte, trägt die holde Weiblichkeit den Schäppel. Doch zunächst zum Bollenhut.

Die Tracht mit dem Bollenhut wurde gegen Ende des 18. Jahrhunderts gebräuchlich, und in den protestantischen Gebieten schrieb die strenge pietistische Kleiderordnung genau vor, wer sie tragen durfte und zu welchen Anlässen. Zur Tracht gehört bis heute der Bollen-

Der Bollenhut mit elf roten Kugeln für unverheiratete und schwarzen Kugeln für verheiratete Frauen ist die wohl bekannteste Kopfbedeckung des Schwarzwalds.

hut – für unverheiratete Mädchen mit elf roten, für verheiratete Frauen mit schwarzen Kugeln. Dazu ein mit Blumen besticktes Samtmieder, ein Halskoller (Schultertuch), eine weiße Bluse mit Puffärmeln und ein plissierter schwarzer Rock aus Stoff mit Glanz. Zu allen Schwarzwälder Trachten gehören selbstgestrickte weiße Strümpfe aus „hasenhäriger" Wolle, das heißt, daß der Wolle beim Stricken Seidenhasenhaare beigegeben werden. Dazu weit ausgeschnittene schwarze Schuhe mit flachem Absatz. Eine akkurat gefältelte schwarze Seidenschürze, das „Fürtuche", vervollständigt die Tracht.

Viel aufwendiger als der Bollenhut ist der Schäppel. Die Gutacherin trägt ihn an hohen Festtagen, zur Hochzeit und zu Taufen. Die kostbaren kunsthandwerklichen Meisterwerke, die an barocke Marienkronen erinnern, sind geschmückt mit Glasperlen, Silberplättchen, Spiegeln und Glaskugeln. Der Mittlere Schwarzwald, in dem jahrhundertelang aus dem dort vorkommenden Quarzsand Glas hergestellt wurde und die Glasbläserei beheimatet war, begünstigte die Fertigung solch feiner Gebilde.

Zum schwergewichtigen Kopfschmuck der Trachtenträgerinnen kamen früher – noch mehr als heute – schwere, mehrgliedrige Silberketten mit Anhängern um die Hüften, den Hals zierte ein steifer, breiter, gefältelter Halskragen, wie ihn einst Gelehrte und Fürsten trugen. In die Zöpfe werden Bänder eingeflochten, die fast bis zum Boden reichen. Wunderschön ist dieser Festtagsstaat, aber die Trägerinnen haben es nicht leicht, sich darin anmutig zu bewegen. Die modernen Zeiten ließen das Trachtentragen etwas in Vergessenheit geraten, doch jetzt besinnt man sich im Schwarzwald wieder auf die alten Traditionen, und man kann bei Kommunionen, Konfirmationen und anderen festlichen Gelegenheiten wieder öfter so bezaubernde Anblicke genießen.

Furtwangen im oberen Tal der Breg hat sich mit den Teilgemeinden Rohrbach, Schönenbach, Linach und dem Luftkurort Neukirch zu einem kulturellen und wirtschaftlichen Zentrum einer bis heute ländlich geprägten, heimeligen Schwarzwaldregion entwickelt. Furtwangen wird bereits im Jahre 1179 in einer päpstlichen Bulle als zum Kloster St. Georgen gehörige Siedlung erwähnt. Die Zähringer, die Herren von Triberg, ab 1350 das Haus Habsburg, ab 1806 das Großherzogtum, nach dem Zweiten Weltkrieg das Land Baden und seit 1952 das vereinigte Baden-Württemberg kennzeichnen die wechselvolle Geschichte der Schwarzwaldgemeinde. Sie umfaßt heute 8 257 Hektar Land, von denen 5 000 Hektar Wald sind – ein Paradies für Naturfreunde. An Einrichtungen, die Urlauber zu ihrer Bequemlichkeit und zur Freizeitgestaltung wünschen, fehlt es ebenfalls nicht.

Die Uhrmacherstadt Furtwangen

Die Uhrenstraße und das Deutsche Uhrenmuseum In der neueren Zeit erlangte die Stadt ihre wirtschaftliche Bedeutung durch die weltweit bekannten Uhrmachererzeugnisse. Sowohl historisch als auch geographisch liegt sie im Zentrum der Deutschen Uhrenstraße. Im Deutschen Uhrenmuseum besitzt sie die größte, vielseitigste Sammlung Schwarzwälder Uhren. Schon 1843 gab es in Furtwangen über 100 Uhrmacher, außerdem Schildermaler, Ketten- und Glasglockenmacher. Manche Neuerungen, zum Beispiel die Flöten- und Vogeluhren, wurden erstmals in Furtwangen und Neukirch gebaut. Zu den Schilder- und Kuckucksuhren gesellten sich Musikuhren. Aus ihnen entwickelten sich die Spieluhren und Orchestrien. Von besonderer Bedeutung für die hohe Qualität und die Mannigfaltigkeit war die Furtwangener Uhrmacherschule, heute Fachhochschule, die von zirka 2 000 Studenten besucht wird. Wer sich im Deutschen Uhrenmuseum umsieht, wird vom Ideenreichtum und vom Klang der Spieluhren, Orchestrien, Karussell- und Schaustellerorgeln entzückt sein.

Wo die Donau ihren Lauf beginnt Beim Namen des Flusses Breg fällt einem heimatkundlich und geographisch interessierten Leser sofort der Satz ein: „Brigach und Breg bringen die Donau zuweg." Das ist richtig. Aber es stimmt ebenso, daß die Breg, die in 1 078 Meter Höhe unterhalb der sieben Kilometer von Furtwangen entfernten Martinskapelle entspringt, der längste Quellfluß der Donau ist. Damit darf sie den Anspruch erheben, die eigentliche Quelle der Donau zu sein. 2 888 Kilometer sind es von der Quelle in Furtwangen bis zur Mündung ins Schwarze Meer.
Wer gut zu Fuß oder ein passionierter Radfahrer ist, sollte möglichst eine Tour vom Quellgebiet bis Sigmaringen unternehmen. Bei Tuttlingen kann er dabei das Phänomen der Donauversickerung sehen.

Der Neckar kann sich nicht beklagen; er wird in schwäbischen Volksliedern liebevoll besungen und gerühmt. Da kommt die Donau viel schlechter weg. Sie ist zwar auch ein Kind Schwabens (genauer gesagt: Badens), jedoch mußte sie sich gedulden, bis ihr der Walzerkönig Johann Strauß als typisch wienerischem Fluß huldigte.

Die Donau spielt Verstecken

In ihrem Geburtsland ist die Donau ein recht schalkhaftes Kind, bei dem man vor Überraschungen nicht sicher ist. Schon ihre Quelle gab den Forschern Rätsel auf; sie hat nämlich zwei, eine falsche und eine richtige. Die richtige ist die Quelle der Breg, die zusammen mit der Brigach nach der Vereinigung mit einem Rinnsal, das im fürstlichen Park von Donaueschingen entspringt, endlich zur Donau wird. Die Breg entspringt, wie schon erwähnt, in Furtwangen, die Brig oder Brigach vier Kilometer südwestlich von Sankt Georgen. Nach altem Brauch wird jedoch die Quelle im Donaueschinger Park als Donauursprung bezeichnet. In ihrer schwäbischen Kindheit, die immerhin 215 Kilometer lang ist, spielt die Donau allerhand Schabernack und läßt kaum erkennen, daß sie sich später neben der Wolga zu Europas längstem und mächtigstem Strom auswächst. In scharfen Schlingen bahnt sie sich vom Schwarzwald her ihren Weg, bis sie plötzlich bei Tuttlingen/Möhringen im Sommer mit dem Wanderer Verstecken spielt, indem sie im Karstgestein des Schwäbischen Jura versickert und erst wieder 12 Kilometer weiter zutage tritt – eine einmalige Erscheinung unter den europäischen Flüssen. Im Gewann Brühl bei Möhringen gibt es vier solche Versickerungsstellen.

In ihren unterirdischen Verliesen steht die Donau in Verbindung mit der Aach, die dann als stärkste Quelle Deutschlands emporsprudelt, an Singen vorbei zum Bodensee fließt und dort in den Rhein mündet. Dieses einmalige Phänomen bringt es mit sich, daß man mit Fug und Recht behaupten kann, die Donau fließe in den Rhein. Aber das Donaubett bleibt in seinem Hauptlauf erhalten und führt den Fluß dem Schwarzen Meer zu. Der Rhein, der drei Quellen an den Adula-Pässen im Schweizer Kanton Graubünden entspringt, ist bekanntlich der wichtigste Zufluß des Bodensees, den er bei Stein am Rhein wieder verläßt.

Die Donau leistet sich jedoch außer der Versickerung noch einen anderen Scherz: Bei ihr beginnt die Messung nicht an der Quelle wie bei allen anderen Flüssen, sondern an der Mündung ins Schwarze Meer. 2860 Kilometer ist sie lang, aber die Kilometermarke Null steht an der Mole von Sulina am Schwarzen Meer. An der Grenze von Möhringen-Immendingen in Baden-Württemberg befindet sich die Kilometermarke 2816. Kaum aber hat sich das Flüßchen neu formiert, gestaltet es zwischen Tuttlingen und Sigmaringen eine Landschaft, die in ihrer bald wildromantischen, bald lieblichen Schönheit jeden

Besonders malerisch ist der Blick
vom gegenüberliegenden Flußufer
auf die Stadtmauer, die Häuser der
Altstadt und das imposante Ulmer
Münster. Belebt wird dieses Bild
alljährlich am Schwörmontag durch
den „Nabader", einen Wasserumzug
auf der Donau.

bezaubert. Felsen türmen sich bizarr zu beiden Seiten tiefer Taleinschnitte auf, herrliche Mischwälder steuern malerische Farbakzente bei und in weiten Flußschleifen sind heimelige Dörfer in grüne Auen eingebettet.

Geistiger und religiöser Mittelpunkt ist das altehrwürdige Kloster Beuron. Überall Schlösser und Burgen: die Ruinen Honberg und Luginsfeld, Alt-Fridingen, Kallenberg, Burgstall, Schloß Bronnen, die Burg Wildenstein, die Ruinen Langenfels, Dietfurt und am jenseitigen Ufer Pfannenstiel, die Schlösser Werenwag, Hausen, das Heidenschloß, die Ruine Burgfelden und als Krönung das fürstliche Schloß zu Sigmaringen.

Ulm – eine Perle am Fluß mit dem höchsten Kirchturm der Welt In der zweiten Hälfte ihres Oberlaufs wird die Donau schon erwachsener; nach der Einmündung der Iller bei Ulm ist sie bereits schiffbar. Mancher Schwabe, der vor rund 250 Jahren dem Ruf der Kaiserin Maria Theresia folgte, fuhr als armer Auswanderer mit einer „Ulmer Schachtel" donauabwärts, um sich in Ungarn oder sonstwo in Osteuropa eine neue Heimat zu schaffen – die späteren Generationen nach 1945 wieder genommen wurde. Wieviele Seufzer und Gebete der Auswanderer und der Vertriebenen mögen zu dem erhabenen Münster hoch über der Donau hinaufgeschickt worden sein!

Das filigrane Wunderwerk des Ulmer Münsters mit dem höchsten Kirchturm der Welt (161 Meter) ist – nach dem Kölner Dom – das zweitgrößte gotische Gotteshaus in Deutschland und eines der schönsten. (Der Turm des Kölner Doms ist vier Meter niedriger.) Mit dem Bau wurde 1392 begonnen. Zu den kostbarsten Kunstschätzen Deutschlands zählt das Chorgestühl im Innenraum, das Jörg Syrlin der Ältere von 1469 bis 1474 schuf. Das aus dem Jahr 1591 stammende Kornhaus nahe dem Münster, das prächtige gotische Rathaus – das 1944 durch Brandbomben zerstört, aber in alter Schönheit wieder aufgebaut wurde –, der schiefe Metzgerturm, die stadt- und kunstgeschichtlichen Sammlungen im Städtischen Museum und der Brunnen von Syrlin dem Älteren sind weitere bedeutende Sehenswürdigkeiten der einst mächtigen freien Reichsstadt. Besonders malerisch ist die Partie mit dem Rest der alten Stadtmauer an der Donau und dem himmelstürmenden, alles überragenden Münster im Hintergrund.

Nach Ulm entlassen wir unseren schwäbischen Fluß ins Nachbarland Bayern, wo die Dreiflüssestadt Passau ein besonderer Meilenstein an der Donau ist. Durch den Zufluß der Ilz und vor allem des Inn erhält sie so große Wassermassen, daß sie endgültig zum großen, vielbesungenen Strom wird, der Wien, Budapest und anderen Städten und Landschaften ihr besonderes Gepräge gibt. Der Strom nimmt auf dem Weg durch mehrere Staaten immer wieder Nebenflüsse auf, bis er endlich am fernen Schwarzen Meer sein Ziel erreicht hat.

Mitten in der großen, von der Sonne verwöhnten Parklandschaft zwischen Schwarzwald und Oberrhein liegt Staufen im Breisgau, ein mittelalterlicher Ort wie aus dem Bilderbuch, der stolz den Beinamen „Fauststadt" trägt. Und

Bei Dr. Faust in Staufen

das kam so: Nach einem Bericht in der „Chronik derer von Zimmern" ist im Jahre 1539 „der Doktor Faustus, der ein wunderbarlicher Nigromanta und weitbeschreiter Zauberer gewest, zu Staufen, dem Stetlin im Preisgau, im Wirtshaus am Markt elentlich gestorben. Ist ein alter Mann geworden, und der böse Geist, den er zu seinen Lebenszeiten nur seinen Schwager genannt, hat ihn umgebracht".

Die Grafen von Zimmern waren mit dem Freiherrn Anton von Staufen verschwägert, der damals dort regierte. Der Freiherr steckte tief in Schulden und soll deshalb den berühmt-berüchtigten „Goldmacher" Faustus in seine Dienste genommen haben. Dieser Alchimist wohnte im Wirtshaus am Marktplatz, dem heute noch bestehenden „Löwen" zu Staufen. (Der ist mittlerweile erweitert worden und hat auch Fremdenzimmer.) Als Dr. Faust seine alchimistischen Versuche machte, muß ihm wohl eine Retorte explodiert sein, und er kam dabei „elendiglich" ums Leben. Durch den Lärm und den Gestank bei der Explosion erfuhr das ganze Städtchen und bald das ganze Land, daß den Doktor Faustus der böse Geist geholt habe, und die Geschichte wurde ein Thema vieler Geschichtenerzähler und Dichter, sogar des Dichterfürsten Goethe.

Das Stammschloß der Herren von Staufen auf dem Burgberg wurde 1632 im Dreißigjährigen Krieg von den Schweden niedergebrannt; das Stadtschloß, das die Grafen 1566 errichten ließen, besteht heute noch und ist eines der schönsten Bauwerke der Stadt. Eine besondere Sehenswürdigkeit ist auch das Renaissancerathaus aus dem 16. Jahrhundert mit einer kunstvollen steinernen Wendeltreppe, einem vornehmen Rathaussaal mit herrlichem Holzgebälk und vielen alten Fahnen und Bildern. Von den Fenstern aus genießt man einen zauberhaften Blick auf den Marktplatz mit dem alten Brunnen, dem einstigen Kornhaus und malerischen Häusern ringsum: ein Bild, das einen in längst vergangene Zeiten zurückversetzt.

Eine besondere Sehenswürdigkeit ist auch die Magdalenenkapelle des ehemaligen Leprosenspitals mit erst vor einigen Jahren entdeckten alten Fresken. „Z'Staufen uffem Märt / hen si, was me gehrt, / Tanz un Wi und Lustbarkeit, / was eim numme 's Herz erfreut, / z'Staufen uffm Märt!" Mit diesen Zeilen hat vor 150 Jahren der alemannische Dichter Johann Peter Hebel die Heiterkeit der romantischen Stadt gepriesen. „Tanz und Wi" haben sicher auch weiland Doktor Faustus geschmeckt. Das alles mundet natürlich schon im Frühjahr, den Höhepunkt erreichen die Lustbarkeiten Ende Juli zum Anna-Fest und am ersten Augustwochenende beim Markgräfler Weinfest.

Eine historische Persönlichkeit Dr. Faust ist nicht etwa eine legendäre Gestalt aus einem Märchenbuch, sondern eine nachweisbare historische Persönlichkeit. Allerdings weiß man nicht genau, wo er geboren wurde. Manche
Forscher sind der Ansicht, er habe in Stromberg das Licht der Welt erblickt,
einem romantischen Städtchen im Guldental, das mit Sicherheit der Geburtsort des „Deutschen Michel" ist, der als Johann Elias Michael von Obentraut
General der dänischen Reiterei im Dreißigjährigen Krieg war. Andere Histori-
ker halten es aber für wahrscheinlicher, daß das nahe Simmern bei Bad
Kreuznach die Ehre hat, den Dr. Faust als einen der Ihrigen zu bezeichnen.
Das freudige Ereignis soll sich um das Jahr 1485 ereignet haben. Jedenfalls
erlangte der historische Dr. Faust anno 1509 in Heidelberg das Baccalaureat,
wurde durch die Gunst des Ritters Franz von Sickingen Schulmeister in Kreuznach und zog, als er dort wegen seines ausschweifenden Lebenswandels nicht
mehr gelitten wurde, unstet durch Deutschland. Um 1540 kam er ins Württembergische, wo er außer Staufen auch Knittlingen bei Pforzheim seines Auf-
enthaltes für würdig hielt. In Knittlingen befindet sich ein Faust-Museum –
eines der zahlreichen interessanten Museen für Schatzsucher dieser Art im
Bundesland Baden-Württemberg.

Passionierten Wanderern erschließt sich von Staufen aus die wunderbare Welt
des Hochschwarzwaldes mit dem Belchen (1415 m) und dem Feldberg (1495 m),
ebenso die Bodenseelandschaft, die benachbarte Schweiz und das Elsaß. Sehr
lohnend ist auch ein Ausflug ins nahe Münstertal mit seinen alten Schwarz-
waldhäusern, den Bergwiesen und klaren Quellwassern.

Übrigens ist in Staufen die Firma Schladerer zu Hause, welche die berühmten
Kirsch-, Himbeer- und anderen Wässerle herstellt. Sie hat das Haus, in dem
sie einst begonnen hat, zurückgekauft und ein komfortables Hotel mit Restaurant daraus gemacht, das verpachtet ist.

Mit dem Namen Rottweil wird allgemein die berühmte schwäbisch-alemannische Fasnet verbunden; Hundefreunde denken wahrscheinlich auch an die kräftigen Vierbeiner gleichen Namens, aber was die Stadt sonst noch das ganze Jahr über zu bieten hat, ist leider zu wenig bekannt. An Geschichte, Kunst und Volkskultur interessierte Gäste kommen in der ältesten Stadt Baden-Württembergs ebenso auf ihre Kosten wie Naturliebhaber. Denn Rottweil, hoch über dem Talrand des oberen Neckars gelegen, Bindeglied und Tor zum Schwarzwald und zur Schwäbischen Alb, kann mit unerschöpflichen Ausflugsmöglichkeiten aufwarten: Nach Westen führen Wanderwege und Radtouren in den Schwarzwald, nach Osten locken der panoramenreiche Albtrauf und die höchsten Berge der Schwäbischen Alb. Diese so unterschiedliche Naturlandschaft ist ein idealer Rahmen für die geschichtsträchtige Stadt, in der man in bewundernswerter Weise Traditionsbewußtsein und zukunftsorientiertes Denken in Einklang zu bringen weiß.

Rottweil – 2000 Jahre und quicklebendig

Spaziergang durch Raum und Zeit Vor 100 Jahren sagte der Pfarrer und badische Abgeordnete Heinrich Hansjakob, Rottweil sei die schönste unter den schwäbischen Reichsstädten, und für Ludwig Uhland war „der Ort durch sein nobles, altreichsstädtisches Ansehen, besonders aber durch seine bizarre Lage recht merkwürdig". 1955 schrieb Thomas Manns Tochter Erika: „Rottweil kannten wir nicht, oder hatten doch vergessen, wie reizend und verwunschen es ist. Gegenüber unserm Gasthaus die Alte Apotheke konnte einen glauben machen, man habe die „Galoschen des Glücks" an den Füßen und befinde sich in einem gründlich anderen Jahrhundert."

Nach dieser Einstimmung machen wir am besten einen Spaziergang durch Rottweil, das bereits im Jahre 73 nach Christus eine Stadt war, das römische Munizipium „Arae Flaviae", aber eine Siedlung ist dort schon im Jahre 2000 vor Christus nachweisbar. Wenn wir unseren Stadtrundgang beim Rathaus mit seinem würdevollen, auf das Jahr 1521 datierten Sitzungssaal beginnen, gehen wir gleich zum nahen Dominikanermuseum am Kriegsdamm, einem in Verbindung mit dem Württembergischen Landesmuseum im Jahre 1992 eröffneten Neubau, in dem Funde aus der römischen Zeit Rottweils und seiner reichsstädtischen Geschichte ausgestellt sind. 1851 erhielt die Stadt, die 1802 württembergisch geworden war, als Geschenk König Wilhelms I. eine Sammlung spätgotischer schwäbischer Holzbildwerke und Tafelmalereien. Auch der Rottweiler Geschichtsverein hatte eine sehr wertvolle Sammlung.

Jahrzehntelang bemühte man sich vergeblich, die hervorragenden Sammlungen sachgerecht in einem neuen Museum ausstellen zu können. Erst nach dem Zweiten Weltkrieg, als ein Förderverein gegründet worden war, konnten

Das schwarze Tor ist nur eine der vielen Sehenswürdigkeiten, die das Stadtbild von Rottweil prägen. Bei einem Spaziergang durch die romantischen Gassen wird man auf Schritt und Tritt an die Geschichte der ältesten Stadt Baden-Württembergs erinnert.

147

Ministerpräsident Hans Filbinger und Finanzminister Robert Gleichauf für die Idee des Neubaus gewonnen werden.

Funde aus der Römerzeit Der wertvollste Fund aus der Zeit der römischen Stadt Arae Flaviae ist das Orpheus-Mosaik, das im Jahre 1784 im Gewann Hochmauren zwischen Neckar und Prim entdeckt, doch offensichtlich erst 1834 freigelegt wurde. Bis 1869 blieb es mit einem Schutzdach an Ort und Stelle; über die Lorenzkapelle und das Stadtmuseum gelangte es ins Dominikanermuseum, wo es die Bewunderung aller Besucher erregt. Das Mosaik bildete einst den Fußboden eines acht mal acht Meter großen quadratischen Zimmers und besteht aus zirka 570 000 Steinchen, die fast alle aus Steinvorkommen in der Rottweiler Umgebung stammen. Kaum ein Zehntel besteht aus Schmelzglas. Das Mittelfeld zeigt den Sänger und Musiker Orpheus mit dem Schlagstab und einer fünfsaitigen Kithara mit neun Schallöchern. Zu seinen Füßen sitzt ein Hund, gegenüber sind die Reste eines Storches zu erkennen, am oberen Bildrand zwei Vögel – eine Elster und auf einem Felsen ein Rabe.

Leider sind die anderen Motive nicht mehr gut sichtbar: An das Mittelquadrat schlossen sich vier Rechtecke mit Szenen aus einem Wagenrennen an, man erkennt noch ein Vierergespann und den Wagenlenker mit dem Siegerkranz in der erhobenen Rechten. Um diese rechteckigen Felder waren trapezförmige Felder mit Jagdszenen angeordnet; man sieht noch eine Hirschjagd, der im gegenüberliegenden Feld eine Eberjagd entsprach. Das Mosaik entstand vermutlich zur Zeit des römischen Kaisers Marc Aurel (161–180 n. Chr.). Es ist das bedeutendste Mosaik, das je in Baden-Württemberg gefunden wurde. Auf dem zweiten wichtigen Mosaik aus Arae Flaviae, dem Sol-Mosaik, sind der Sonnengott mit Strahlenkranz und Peitsche und die Heroine Leukothoe zu sehen. Dieses Sol-Mosaik wird auf das Jahr 200 n. Chr. datiert.

1950 wurde in einem römischen Brunnen in der Nähe des dort vermuteten römischen Forums ein hölzernes Schreibtäfelchen gefunden. Solche Tafeln waren mit Wachs beschichtet und wurden mit Griffeln aus Metall beschrieben. Mit dem verbreiterten Ende des Griffels konnte man das Wachs wieder glätten und den Text löschen. Beim Rottweiler Täfelchen haben sich die Schriftzüge in das Holz der Tafel durchgedrückt, und man kann deshalb die Worte entziffern: „actum municipio Aria" (getätigt in der Munizipalstadt Arae). Und zwar geschah es am 4. August des Jahres 186 n. Chr.

Die römische Stadt Das römische Rottweil entstand vermutlich im Zusammenhang mit dem Bau einer direkten Straßenverbindung von Straßburg durch den Schwarzwald nach Rätien (Voralpengebiet) im Jahre 73 oder 74 n. Chr. am Übergang über Neckar und Prim. Von dort aus liefen die durch Kastelle geschützten Straßen nach Windisch im Schweizer Aargau, nach Rottenburg und Sulz am Neckar, nach Tuttlingen und in Richtung Straßburg. Man kann sich denken, daß an diesem Knotenpunkt bald eine Zivilsiedlung entstand. Arae Flaviae wurde sie nach der flavischen Kaiserfamilie genannt. Als einzige Stadt im heutigen Baden-Württemberg hatte sie den Rang eines Munizipiums. Sie erstreckte sich über beide Uferzonen des Neckars, hatte drei gallo-römische Tempel, drei öffentliche Bäder, mehrere Töpfereien; eine Gießerei, eine Kalkbrennerei und eine Steinmetzwerkstätte, anscheinend auch ein Rathaus. Am Stadtrand waren drei Friedhöfe.

Nach dem Erlöschen der flavischen Kaiserfamilie und der Verlegung des Limes nach Osten verlor Arae Flaviae rasch an Bedeutung. Beim Alamannensturm im Jahre 233 wurde das Munizipium zerstört, bald von den Römern geräumt und von den Alamannen neu besiedelt. Auf den Trümmern des Bades in der heutigen Altstadt wurde um 600 die erste christliche Kirche errichtet, und in der Mittelstadt entstand der 771 erstmals genannte Königshof „rotuvilla".

187 Stufen zur schönsten Aussicht Auf der Pürschgerichtskarte von 1564, einer der frühesten und anschaulichsten deutschen Karten, nimmt das „Schwarze Tor" aus der Stauferzeit, das ja beim Rottweiler Narrensprung eine wichtige Rolle spielt, einen zentralen Platz ein. Wenn Sie die 187 Stufen des etwa ebenso alten Hochturms hinaufsteigen und die Aussicht auf die ziegelroten Dächer der Innenstadt genießen, werden Sie feststellen, daß sich in den seither vergangenen Jahrhunderten kaum etwas verändert hat. Zu Ihren Füßen breitet sich ein Stadtkleinod aus, über das der Blick hinausgeht in die herrliche Umgebung mit den Bergen der Hochalb, den Wäldern der Keuperstufe und dem Rand des Schwarzwaldes; braune Felsen, grüne Wiesen und das tiefeingeschnittene Neckartal fesseln den Blick. Sie werden auch zwei Schornsteine der ehemaligen Pulverfabrik entdecken, in der vor 100 Jahren ein besonderes – nämlich das „Rottweiler rauchschwarze" – Pulver erfunden wurde. Der Weg muß Sie aber auch zum wundervollen gotischen, im Jahre 1100 begonnenen Heiligkreuz-Münster mit dem Kruzifix von Veit Stoß über dem Hochaltar und den phantasiereichen Prozessionslaternen der Rottweiler Zünfte führen. Zwei Gassen weiter finden Sie die barockheitere Predigerkirche und ein Stück stadtabwärts die Lorenzkapelle mit ihrem herrlichen Kapellenturm. Der Renaissancebrunnen am Marktplatz ist das Wahrzeichen der Stadt. Er erinnert daran, daß Rottweil seit 1463 jahrhundertelang zur Schweizer Eidgenossenschaft gehörte, noch immer krönt ein Schweizer Landsknecht mit der Stadtfahne diesen Brunnen. Im Spätmittelalter baute sich Rottweil eines der größten Reichsstadt-Territorien auf.

Welch wichtige Rolle diese Stadt einst spielte, wird besonders deutlich durch das Rottweiler Hofgericht, das zu den wichtigsten Gerichten des spätmittelalterlichen Reiches gehörte. Die erste überlieferte Urkunde des Hofgerichts stammt von 1299, im Jahre 1784 war es letztmals tätig. Das Gericht, das mit Rottweiler Ratsherren besetzt war, hatte ausschließlich in Zivilprozessen zu entscheiden. Seine Befugnisse erstreckten sich über das Herzogtum Schwaben, vom Gotthard bis Köln, von den Vogesen bis zum Lech und über Franken bis zum Thüringer Wald. Eine Kopie des Hofgerichtsstuhls (Original im Stadtmuseum) von 1781 steht an der Königstraße rechts neben dem Landgericht.

Rottweiler Zünfte In den Städten der Antike waren die Handwerker in zunftähnlichen Kollegien zusammengeschlossen. Die frühesten mittelalterlichen Nennungen von Zünften stammen aus dem 11. bzw. 12. Jahrhundert. Die Rottweiler Zünfte sollen unter König Rudolf von Habsburg am Ende des 13. Jahrhunderts gegründet worden sein. 1314 werden sie erstmals genannt, 1378 wurde ihnen volles politisches Mitwirkungsrecht und die Kontrolle der gesamten städtischen Politik zugestanden, was bis zum Ende der Reichsstadtzeit sinngemäß Gültigkeit behielt. Im Jahre 1504 wurde die Zahl der Zünfte von elf auf neun herabgesetzt.

Vielfach umfaßte eine Zunft eine ganze Reihe weiterer, sonst selbständiger Handwerke. Bis auf die kleine Gruppe der Angehörigen der sogenannten „Herrenstube" waren alle Bürger gehalten, sich einer Zunft anzuschließen. Der Handwerksnachwuchs war in Rottweil in zwei Gesellschaften organisiert. Auch in der württembergischen Zeit ab 1802 bestanden die Zünfte zunächst weiter. 1862 wurde jedoch die Gewerbefreiheit verkündet und als Symbol für die Abschaffung der Zünfte ein riesiger Zunftzopf feierlich auf der Bruderschaftshöhe vor der Stadt verbrannt. Die Rottweiler Zünfte formierten sich in den folgenden Jahren teilweise neu und spielen im religiösen Brauchtum in Rottweil bis heute eine wichtige Rolle.

Zunft bedeutet „was sich ziemt". Die Zunft stellte den Rahmen dar, in dem sich Arbeit, Freizeit, Religion und Politik für ihre Angehörigen nach festen Grundsätzen abspielten. Sie regelte im Einvernehmen mit dem reichsstädtischen Rat den Einkauf von Rohstoffen, Preise und Absatz der hergestellten Waren, die Ausbildung des Nachwuchses und die Arbeitszeit. Die Freizeit wurde in der Trinkstube oder der Herberge der Zunft verbracht, wo man gemeinsam Lieder sang, an Festen tanzte oder Theater spielte.

Die Rottweiler Fasnet zeigt, welch großartige kulturelle Schöpfungen die Zünfte hervorbringen konnten. Im kirchlichen Bereich nahmen die Zunftangehörigen als Gruppe an Prozessionen, Wallfahrten und Bittstunden teil. In der Kirche hatten sie einen gemeinsamen Kirchstuhl, meist einen besonderen Altar und oft sogar einen eigenen Kaplan. Am Fest des jeweiligen Schutzheiligen einer Zunft arbeiteten deren Mitglieder nicht. Gelegentlich hatten die Zünfte eine gemeinschaftliche Grabanlage auf dem Kirchhof, jedenfalls aber einen Jahrtag, an welchem man für die verstorbenen Angehörigen der Zunft betete. Auf den Zunftstuben wurden anstehende stadtpolitische Fragen beraten, Wahlen vorbereitet, von den Zunftmeistern wurde aber auch in bestimmten Rechtsfällen geurteilt. Im Krieg zogen die Zünfte unter ihren Fahnen gegen den Feind oder verteidigten ganz bestimmte Abschnitte der Stadtbefestigung.

Zunftfahnen wurden früher bei militärischen Anlässen und bei kirchlichen Feierlichkeiten getragen. Die im Rottweiler Stadtmuseum erhaltenen Stücke sind jedoch in erster Linie Prozessionsfahnen. So werden sie bis heute an Fronleichnam benutzt. Die Fahnen bestehen meist aus Seidentuch in den Farben der jeweiligen Zunft und tragen in Kartuschen auf beiden Seiten applizierte Ölmalereien mit religiösen Darstellungen, etwa den Zunftpatronen oder Handwerkszeichen sowie die Jahreszahl der jeweiligen Stiftung und die Namen der damaligen Zunftmeister. Die ältesten Stücke sind die Fahnen der Rottweiler Schmiede und der Schuhmacher aus dem Barock.

In den Zunftladen wurden die Ordnungen einer Zunft oder eines Handwerks sowie wichtige Dokumente wie Lehrverträge oder Kaufbriefe über den Zunftbesitz aufbewahrt. Die Zunftladen befanden sich gewöhnlich in den Zunfthäusern oder den Zunftherbergen. Zusammenkünfte wurden mit dem „Auftun der Lad" offiziell eröffnet. Die erhaltenen Rottweiler Zunftladen stammen durchweg aus dem 18. Jahrhundert und sind teilweise hervorragende Zeugnisse der Rottweiler Schreinerkunst, vor allem die Metzger-Lade von 1762 mit Intarsien und einer eingearbeiteten Schlachtszene. Die Zunftzeichen waren Symbole der Zusammengehörigkeit. Während die älteren erhaltenen Stücke kunstvolle Blechschneidearbeiten darstellen, wurden später die Zeichen der Zünfte in kleinen Glaskästchen gezeigt, die in den Zunftstuben aufgehängt waren, dies wird in Einzelfällen bis heute so gehalten.

Der Rottweiler Narrensprung So anschaulich wie im Rottweiler Stadtmuseum dürfte man sich kaum anderswo über das Zunftwesen informieren können, und wohl in keiner anderen Stadt wird die Tradition mit solcher Selbstverständlichkeit und solchem Ernst fortgeführt wie von den dortigen Narrenzünften. Der unbeschwert-heitere Kölner Karneval und der ausgelassene Münchner Fasching sind ja von ganz anderer Art als der Rottweiler Narrensprung mit seinem seit altersher festgelegten Ritual.

Die älteste, aber quicklebendige, Stadt Baden-Württembergs präsentiert sich somit als ein für jedermann aufgeschlagenes, hochinteressantes Buch, in dem man ganz zwanglos durch 2000 Jahre Geschichte geführt wird.

*Auf einem mächtigen Felsen über
der Donau thront Schloß Sigmaringen. Es ist seit über 400 Jahren Sitz
der Fürsten von Hohenzollern-
Sigmaringen, sein heutiges Aussehen erhielt es Anfang des
20. Jahrhunderts.*

Der Landkreis Sigmaringen zwischen der Alb und dem Bodensee umfaßt in idealer Weise Teile der drei großen historischen Territorien Südwestdeutschlands: Baden, Württemberg und Hohenzollern. In dieser Region findet man vielfältige Spuren aus allen bedeutenden Epochen der süddeutschen und gesamteuropäischen Geschichte.

Der Geniewinkel

Steinzeitfunde und Zeugnisse keltischer (die Heunenburg), römischer und allamannischer Siedlungen vermitteln ein Bild der Frühzeit, trutzige Burgen sowie die imposanten Schloßbauten in Sigmaringen und Meßkirch versetzen die Betrachter zurück in die Welt des Mittelalters mit ihren großen Fürstengeschlechtern. Bedeutende Klöster, die zum Teil an der Schwäbischen Barockstraße liegen, zeugen von der hohen klösterlichen Kultur. Meßkirch an der Oberschwäbischen Barockstraße ist der Mittelpunkt des sogenannten Geniewinkels. Die Bezeichnung ist durchaus kein Spottname, die Bewohner sind stolz auf ihren Winkel. In der Nähe von Meßkirch beziehungsweise Rohrdorf liegt Kreenheinstetten, der Geburtsort des wortgewaltigen Wiener Hofpredigers Abraham a Sancta Clara (geb. 1644). Sein Geburtshaus „Zur Traube" lädt Wanderer zum gemütlichen Vesper ein. Aus Meßkirch stammt auch der Komponist Konradin Kreutzer, den man meist für einen Urwiener hält. Ein Genie unserer Zeit, geboren 1889 in Meßkirch, ist der berühmte Philosoph Martin Heidegger, dessen Gedanken und Terminologie dem Denken in der modernen Philosophie stärkste Impulse gab. Dies sind nur einige Beispiele aus der Reihe der großen Söhne des Geniewinkels.

Krönender Abschluß der Reise ist der Besuch im Schloß Sigmaringen. Die Sammlungen im Schloßmuseum genießen Weltruf. Grandios ist die Lage des mächtigen Schloßkomplexes hoch über dem Donautal – sicher einer der schönsten Punkte entlang dem Lauf des europaverbindenden Flusses.

Bächtlefest in Saulgau Alljährlich am letzten Wochenende im Juni findet im Oberland eines der traditionsreichsten und farbenprächtigsten Heimatfeste in Südwürttemberg statt, das Saulgauer Bächtlefest. Kein Saulgauer, der etwas auf sich hält, schließt sich bei den Vorbereitungen für dieses Ereignis aus. Festwagen werden bunt dekoriert, Kostüme genäht, Musikinstrumente auf Hochglanz poliert, und die Häuser und Straßen entlang dem Umzugsweg werden mit Wimpeln und Fahnen geschmückt. Der historische Umzug beginnt am Montag um 9.30 Uhr. In Saulgau ist der Abschlußtag des Bächtlefestes ein Feiertag. Sämtliche Geschäfte und Behörden sind geschlossen, und die Kinder haben schulfrei. 3 000 Personen nehmen aktiv am Umzug teil, und 250 Pferde sind ebenfalls mit von der Partie. Eine besondere Attraktion sind immer die originellen Ziegen- und Kuhgespanne. Sie zu sehen, ist für Kinder ein besonderes Erlebnis. Mehrere Musikkapellen sorgen zusätzlich für gute Laune.

Das Bächtlefest wird erstmals für das Jahr 1534 in den Statuten der Stadt von 1538 bezeugt. Vermerke lassen jedoch darauf schließen, daß es schon früher gefeiert wurde. Saulgau selbst wird erstmals in einer Urkunde Kaiser Ludwigs des Frommen, Sohn Karls des Großen, im Jahre 819 erwähnt. Der Ortsname ist keltischen Ursprungs. Er lautete damals Sulugan, nach Sulis, der Göttin heilender Quellen. Nach den Kelten kamen die Alamannen. Der Stauferkaiser Friedrich II. hat Saulgau 1239 Stadtrechte verliehen und im Jahr 1299 erwarben die Habsburger die Stadt für 2000 Silberlinge von den Truchsessen von Warthausen. 500 Jahre lang blieb sie dann als vorderösterreichische „Donaustadt" beim Habsburger Reich, bis Saulgau 1806 von Napoleons Gnaden zu Württemberg kam. Das Bächtlefest war ursprünglich eine Fasnacht (Bächtle = Perchten, also Maskenträger; in Zürich wird noch heute der Bächtlinstag gefeiert). Im Laufe der Jahrhunderte wurde das Fest immer weiter in den Sommer hinein verlegt.

Ich denke, es interessiert die zahlreichen Bodenseefahrer, etwas aus der langen Geschichte dieser Stadt zu erfahren, die im allgemeinen nur als Adresse für Spargelessen und andere Gaumenfreuden bekannt ist. Mancher mag sich schon gewundert haben, eine Statue der Kaiserin Maria Theresia in dieser württembergischen Stadt zu sehen. Natürlich fehlt die große Kaiserin, die überdies ihren 15 Kindern eine vorbildliche Mutter war, auch im Festzug nicht. Alte Kinderspiele, die Völker Europas, die früheren Handwerkszünfte und das Brauchtum werden lebendig, vor allem werden einzelne Perioden aus der Stadtgeschichte dargestellt. Kaiser Ludwig der Fromme tritt auf, der Staufer Friedrich II. und als erster Habsburger in der Geschichte Saulgaus König Albrecht I., ebenso der in Saulgau geborene Leibarzt Maria Theresias, Anton Stöck. Die Stadtschützen und der Saulgauer Herold schreiten im Triumphzug Kaiser Maximilians I. mit. Aber auch an die Pestzeit, den Dreißigjährigen Krieg und die Hexenprozesse wird erinnert, und der Barockzug veranschaulicht die Glanzzeit Oberschwabens im 18. Jahrhundert, der das Land die herrlichsten Baudenkmäler verdankt. Bürgerwache und Stadtgarde zu Pferd von heute marschieren und reiten zum Abschluß auf. Ein ungemein malerisches Bild bietet dieser Umzug in historischen Trachten vor der Kulisse des liebevoll restaurierten mittelalterlichen Stadtzentrums.

Am Samstagvormittag findet auf dem Marktplatz ab 8 Uhr ein großer historischer Markt statt, bei dem sich die seltene Gelegenheit bietet, bei der Ausübung alter Handwerkskünste zuzuschauen. Apotheker mit altem Instrumentarium, Maskenschnitzer, Korbflechter, Glasbläser, auch Straßenmusikanten sind dabei. Der Bauernmarkt mit lebenden Tieren ist ebenfalls interessant. Der Sonntag ist der Tag der Kinder und Schüler. Die Saulgauer verstehen es, Feste zu gestalten und zu feiern.

Übrigens: Saulgau macht seinem einstigen Namen Sulugan und der keltischen Göttin der heilenden Quellen auch heute noch Ehre. Vor einigen Jahren wurde in der Nähe der Stadt eine 42 Grad heiße Schwefelquelle erbohrt, die im modernen Thermalbad mit fünf Innen- und Außenbecken erfolgreich gegen Krankheiten des rheumatischen Formenkreises und bei Durchblutungsstörungen angewendet wird.

Das Vorderösterreich-Museum Saulgau gehörte – wie erwähnt – einst zu Vorderösterreich. In Endingen am Kaiserstuhl wurde im Üsenberger Hof ein in der Region einzigartiges Museum eingerichtet: das Vorderösterreich-Museum. Die „vorderösterreichische Zeit" dauerte von 1299 bis 1806, wie auch auf dem Denkmal für die große österreichische Kaiserin und Königin von Ungarn, Maria Theresia, eingemeißelt ist, das in Saulgau steht.

Hochinteressant ist nicht nur die Sammlung über die vorderösterreichische Zeit, auch der Üsenberger Hof in Endingen, in dem das Museum untergebracht ist, stellt eine Rarität dar. Es handelt sich nämlich um ein stattliches Bürgerhaus aus dem 15. Jahrhundert mit bedeutenden Fresken, die aufwendig renoviert wurden.

Der Verlag dankt den Fremdenverkehrsämtern und Fotografen, die uns die Bilder zur Verfügung gestellt haben.

Bildnachweis

S.77 Archiv der Autorin – S. 127, 129 Baden-Baden Marketing GmbH – S.111 Bürgermeisteramt Jagsthausen (Foto: J.Schwab) – S.15, 17, 18, 31, 38, 79, 87 Foto Rellisch, Stuttgart – Umschlag hinten (unten), S.24 Fremdenverkehrsamt der Stadt Reutlingen – S. 101 Fremdenverkehrsgemeinschaft Hohenlohe e.V. – S.97, 105 Kultur- und Verkehrsamt Bad Mergentheim – S.123 Kur- und Bäder GmbH Bad Dürrheim – S.29 Kurverwaltung Bad Urach – S.65 Landratsamt Rems-Murr-Kreis – S.2 RODRUN/Knöll – S.35 Römisches Freilichtmuseum Hechingen-Stein – S.133 Stadt Freudenstadt – S.89 Stadt Weinsberg – S. 43, 47 Städtisches Verkehrsamt Ellwangen – Umschlag hinten (Mitte), S.139 Städtisches Verkehrsamt Hornberg – S.152 Städtisches Verkehrsamt Sigmaringen – S.62 Stadtverwaltung Weinstadt – S.142 Tourismuszentrale Ulm (Foto: Reinhold Mayer) – S.54 Tourist Information Göppingen – S.147 Tourist-Information Rottweil – S.92 Tourist Information Schwäbisch Hall (Foto: Pabst) – S.115 Touristikgemeinschaft Liebliches Taubertal – S.49 Touristikverband Ries, Nördlingen – Umschlag hinten (oben), S.57, 59 Verkehrsamt Schwäbisch Gmünd – S.27 Manfred Waßner sen.

Nachwort des Verlags

Die Autorin hat für dieses Buch Beiträge zusammengestellt, die bereits in ihrer Reisechronik im Stuttgarter Wochenblatt oder in der Stuttgarter Illustrierten veröffentlicht worden sind. Auch wenn von vornherein feststand, daß nicht jede Stadt oder Region angesprochen werden kann, sollten doch alle Landesteile vertreten sein. Leider konnte Frau Willmann durch ihren plötzlichen Tod die Arbeit nicht mehr abschließen, die Auswahl blieb unvollständig. Das führt nun dazu, daß beispielsweise der badische Landesteil kaum und der Bodenseeraum gar nicht vertreten ist. Da wir uns dem Wunsch der Autorin verpflichtet fühlten, die Essays zu publizieren und auch die vielen Leserinnen und Leser nicht enttäuschen wollten, die sich bereits auf das Erscheinen des Buches freuen, haben wir uns zur Veröffentlichung in der vorliegenden Form entschlossen.
Wir bitten dafür um Verständnis.

Susanne Gernhäuser
(Lektorat DRW-Verlag)

Register

Das DRW-Erfolgsbuch von Anni Willmann

Nach 27jähriger Regierungszeit dankte Wilhelm II., Württembergs letzter König, 1918 ab.

Bei seinen Landeskindern blieb der volksnahe Monarch auch danach unvergessen. Bis auf den heutigen Tag kursieren im Württembergischen unzählige Geschichten über seine Person.

Anni Willmann verbindet Biographisches und Anekdotisches in kurzweiligen Episoden zu einem Porträt Wilhelms II. Die Geschichten sind mit zeitgenössischen Fotos reich illustriert und leicht lesbar: eine rundum unterhaltsame Lektüre.

Es entsteht nicht nur das Bild einer beeindruckenden Persönlichkeit, sondern auch das eines Monarchen, der zu seiner Zeit bereits in dem Ruf stand, der ›demokratischste König‹ in Deutschland zu sein. Die Förderung der Wirtschaft und vor allem der Kultur waren besondere Anliegen Wilhelms II. Stuttgart verdankt ihm z.B. den Neubau des Bahnhofs, das imposante Haus der Wirtschaft wie auch das Große Haus und andere Bauten, die das Gesicht der Stadt prägen.

Ein unterhaltsames, interessantes Buch zum Schenken und Selberlesen. 160 Seiten mit 38 zeitgenössischen Fotos. ISBN 3-87181-292-7

DRW-Bücher – eine Auswahl

Sperrige Landsleute
Wilhelm I. und der Weg zum modernen Württemberg. Von Karl Moersch. 272 S. mit 50 historischen Abb. Wilhelm I. hat wie kein anderer württembergischer König die Geschichte seines Landes im 19. Jahrhundert geprägt. Der Autor zeichnet Württembergs Weg zum modernen Staat facettenreich nach und porträtiert dabei unterhaltsam Wilhelms prominente Mitstreiter und Kontrahenten; sperrige Landsleute allesamt. ISBN 3-87181-373-7

Frauen im Hause Württemberg
Von Hansmartin Decker-Hauff. Herausgegeben von Wilfried Setzler, Volker Schäfer und Sönke Lorenz in Zusammenarbeit mit Andreas Schmauder. 304 S., 111 Abbildungen, davon 71 in Farbe. 27 Lebensbilder aus der bekannten Fernsehreihe von Hansmartin Decker-Hauff. Ein Meisterstück historisch fundierter Erzählkunst.
ISBN 3-87181-390-7

Hohenasperg oder ein früher Traum von Demokratie
Gefangenenschicksale aus dem 19. Jahrhundert. Hrsg. von Franz Quarthal und Karl Moersch. 288 S., 14 Abb.
ISBN 3-87181-417-2

Liebesgunst
Mätressen in Württemberg. Von Susanne Dieterich. 176 S. mit 33 Abb. Liebesgunst und Liebesneid – Rollenbild und Stellung der Geliebten auf Zeit an Württ. Höfen des 17. u. 18. Jhds., ihr Einfluß auf Kunst und Politik.
ISBN 3-87181-380-X

Württemberg und Rußland
Geschichte einer Beziehung. Von Susanne Dieterich. 216 S. mit 58 Abb., teilweise in Farbe. Vielgestaltig waren und sind die Verbindungen zwischen Württemberg und Rußland, spannend die Geschichten, die sich dahinter verbergen.
ISBN 3-87181-243-9

Engele und Teufele
Eine himmlische Karriere. Von Hans-Frieder Willmann. 96 S. mit Illustrationen von Thomas F. Naegele.
ISBN 3-87181-364-8

Untergang und Neubeginn
62 Geschichten über Menschen und ihre Schicksale. Auf 248 S. erzählt von Hans-Frieder Willmann Schicksale, die er persönlich erlebt oder als Zeitzeuge notiert hat.
ISBN 3-87181-290-0

Mögliche und unmögliche Gespräche
Satire, Scherz und tiefere Bedeutung. 149 Gespräche, ausgedacht von Hans-Frieder Willmann. 152 S.
ISBN 3-87181-393-1

Wege zum Erfolg
Südwestdeutsche Unternehmerfamilien. Hrsg. von Willi A. Boelcke. 288 S. mit 56 Abb. 20 Unternehmerfamilien und ihre Firmen, die sich über drei Generationen erfolgreich behauptet haben, werden vorgestellt.
ISBN 3-87181-363-X

Es gehet seltsam zu . . . in Württemberg
Von außergewöhnlichen Ideen und Lebensläufen. Von Karl Moersch. 296 S. mit 79 hist. Abb. Der Autor zeigt, daß württ. Geschichte und württ. Gegenwart eng zusammengehören. Ein umfangreiches, auf gründlicher Recherche beruhendes Wissen und der klare Stil machen das Werk zu einem wertvollen Geschichtsbuch. ISBN 3-87181-409-1

Frauenleben im Biedermeier
Berühmte Besucherinnen bei Justinus Kerner in Weinsberg. Von Karin de la Roi-Frey. 144 S., mit 18 historischen Abb.,
ISBN 3-87181-397-4

Zauberhafte Schwäbische Alb
Vom Randen zum Ries. 184 S. mit 232 Farbfotos, 24,5 x 30,5 cm. Panoramakarte. In großformatigen Farbfotografien, ergänzt durch informative Texte, wird die abwechslungsreiche Landschaft zwischen dem Randen im Südwesten und dem Nördlinger Ries im Nordosten porträtiert: vom Großen Heuberg über die von Tälern durchschnittene Albhochfläche bis hin zur Ostalb mit Albuch und Härtsfeld. Das breite, bunte Panorama von Natur und Geschichte, Bau- und Kunstwerken, Brauchtum und liebenswerten Menschen, das in jeweils vier regional begrenzte Kapitel gefaßt ist, wird durch interessante Leseteile ergänzt.
ISBN 3-87181-370-2

Faszination Schwäbische Alb
Am Trauf entlang vom Rosenstein zum Dreifaltigkeitsberg. 160 S. mit 212 Farbfotos, 24,5 x 30,5 cm. Ein großer Bildband der Extraklasse über eine faszinierende Landschaft. Der Albtrauf in seiner ganzen Schönheit, das gelungene Landschaftsporträt: meisterhafte Farbfotos von Ruinen und Höhlen, Wasserfällen, Felsen und Ausblicken, von seltenen Pflanzen und lebendigen Traditionen und vieles mehr.
ISBN 3-87181-288-9

Uhland von A bis Z
Ein unterhaltsames Porträt mit zahlreichen Gedichten und vielfältigen Abbildungen. Von Karin de la Roi-Frey. 128 S., 17 Abb. ISBN 3-87181-407-5

Sagenhaftes Wandern auf der Schwäbischen Alb
Wanderführer und Sagen-Lesebuch zugleich. Von Andrea Liebers und Günther Stahl. In jedem Band 6 Sagen, 6 Wanderungen mit Wegeskizzen und 6 Fotos, 80 Seiten.
Band 1: ISBN 3-87181-402-4
Band 2: ISBN 3-87181-441-5

Burgen und Schlösser der Schwäbischen Alb
Dritte, überarbeitete und erweiterte Auflage von Christoph Bizer auf der Grundlage von Wilhelm Gradmann. 150 Burgen und Schlösser werden auf 128 S. vorgestellt: Beschreibung der Anlagen, Darstellung ihrer Geschichte mit einem 133 Farbfotos umfassenden Bildteil mit historischen Ansichten und Zeichnungen.
ISBN 3-87181-284-6

Höhlen der Schwäbischen Alb
Faszinierende Welt unter der Erde. Ein Text- und Bildband von Hans Binder. Die bizarre Tropfsteinwelt der Schauhöhlen der Alb begeistert alljährlich die Besucher. Weit mehr stellt dieser Band vor: Alles über Höhlen läßt sich hier nachlesen – wie sie entstehen, was man in ihnen findet, was für Tiere und Pflanzen in ihnen leben, was Mensch und Höhle verbindet. 160 S. mit 173 Farbfotos und historischen Abb.
ISBN 3-87181-366-4

Streifzüge im Donautal
Von Donaueschingen bis Ulm. Von Eva Walter und Thomas Pfündel. 128 S. mit 118 Farbfotos. Das romantische Donautal mit seinen Schlössern, Klöstern und Städten.
ISBN 3-87181-255-2

Die längste Höhle der Schwäbischen Alb
Auf Entdeckungsfahrt in die Wulfbachquellhöhle. 96 Seiten mit 60 Fotos. Die Autoren Jürgen Bohnert, Siegfried Geiger, Herbert Jantschke, Andreas Kücha und Rainer Straub geben einen faszinierenden Einblick in eine Welt, die nur geübten Höhlentauchern vorbehalten bleibt.
ISBN 3-87181-391-5